事業者・フリーランスのための

\すごい/

知らないと損!!

小さな会社ほど得する

補助金 & 助成金

のもらい方

石渡 浩／宗像 瞳

はじめに

補助金・助成金で
可能性を広げ、夢を実現しよう

　補助金・助成金について詳しく知らない方、知っていても苦手意識を持っている方はいらっしゃいませんか？

「補助金や助成金は難しい」
「どの補助金・助成金が自分の事業に合うのかわからない」
「条件が厳しくて、自分には無理」
「どうせ使い方が限られているんでしょ」
「面倒な手続きが多そう」

　そんなふうに考えている事業者さんが多いのではないかと推測します。過去の私も全く同じように考えていました。

　私は現在、物販業・宿泊事業・教育事業を営んでいますが、当時は通信販売業のみを行っており、たまたま商工会議所の担当者から「補助金を活用してみてはどうですか」とアドバイス頂きました。

　せっかく教えてもらったので、「それならやってみるか」と申請してみたところ、無事に補助金を受け取ることができました。

　当時は補助金に対する知識も少なく、「どうせ無理だろう」と半分諦めていたのですが、何十万円もの補助金を受給することができ、とても嬉しかったのをよく覚えています。

その後、2021年に事業再構築補助金で約6,000万円を受給することができて、長野県にて宿泊事業を始めました。コロナ禍では売上が減少していた宿泊事業ですが、おかげさまで毎年売上は伸び続けています。

ありがたいことに、地元自治体からふるさと納税の返礼品に私の宿の宿泊券を選んで頂き、2023年度以降、毎年町長表彰を受けています。

この喜びを皆と分かち合いたいと思い、周囲の事業者さんにも勧めていたところ、聞こえてくるのは「興味はあるけれど、どう申請すればいいかわからない」という声。

そこで、皆で集まって一緒に事業計画書を書くことを始めました。それが、私の補助金・助成金の支援事業を始めたきっかけです。

忘れもしない2019年6月、本業の仕事が終わってから夜の時間帯に集まって、一緒に事業計画書を作成して申請しました。すると、ほとんどの方は補助金を受給することに成功したのです。こうして皆で感動を分かち合えました。

その後、2021年にこの支援活動を事業化し、私たちが事業計画書の書き方、申請のコツ等を継続的に教え続けた結果、2024年までの3年間に300社が30億円も補助金・助成金を受け取れました。

補助金・助成金は特別な事業者だけが受給できるものではありません。しっかりと書類をそろえて、手順を踏んで適切に申請をすれば、高い確率でもらえます。

ノートパソコンやiPad、動画撮影用のカメラ、車、エステの機械、事業転換のための建物建築やリフォームなど、補助金や助成金の対象になるものは実にさまざま。

中には、ドローンやサウナ設備など「こんなものまで補助されちゃう

の!?」というものも補助金で購入することができます。

　おそらく読者の皆様が想像するよりも、はるかに多くの助成金や補助金が整備されています。せっかくの制度ですから、しっかりと活用して事業を伸ばしていきませんか？

　本書は、小さな会社を経営する小規模事業者や個人事業主のために、補助金・助成金の申請方法をなるべくわかりやすくお伝えします。
　個人事業主には、フリーランスの方はもちろん、本業として会社勤めをしながら副業をされる方も該当します。

　補助金・助成金という制度は、私たち小規模事業者の背中を押してくれるものです。

　私たち小規模事業者は、マンパワーや資金が限られた状況からのスタートが多く、ワンオペレーションで何もかもしなくてはいけません。
　大手企業などにお勤めの方から見れば、「それなら人を雇えばいいじゃないか」と思われるかもしれませんが、「人を雇う」のは、コストはもちろん大きな責任も伴います。しかし、国の支援を受けられたら、そのハードルは少し低くなるでしょう。

　例えば、2024年から2025年にかけては特に「賃上げ」が話題になっていましたが、賃上げには「業務改善助成金」「キャリアアップ助成金」といった厚生労働省の助成金が支給される上に、「小規模事業者持続化補助金」などの中小企業庁の補助金の優遇措置も受けられます。

　つまり、補助金・助成金を単体で学ぶのではなくて、別の補助金・助成金であっても、相互に結び付けて優位に活用できる点に注目すべきです。
　簡単に言うと、「〇〇補助金に申請しよう！」という考え方ではなくて、「こういう事業者でこのテーマなら、どういう補助金・助成金に申請で

4

きるのか」という視点が大事なのです。

　本書は、この視点に力を入れて執筆しました。具体的には、次のような構成で宗像瞳と石渡浩のパートを分けて、解説します。

第1章　必見！　フリーランス・副業・小規模事業者が活用できる補助金・助成金【宗像】
第2章　従業員ゼロでももらえる補助金　ー補助金活用で売上アップー【石渡】
第3章　自分には関係ないと思ったらもったいない！　雇用は簡単にできる【石渡】
第4章　パートのみでもらえる助成金・補助金【石渡】
第5章　従業員の育成や処遇改善でもらえる助成金と新設補助金【石渡】
第6章　誰でも書ける！　高得点が狙える「事業計画書」【宗像】

　補助金・助成金は、自分の会社に役立つだけではなく、社会的に有意義な制度です。石渡さんと私は、多くの人に働く環境を提供し、経営者自身が経営者としての業務に専念できるような会社の形を目指しています。

　雇用を生み出し、小規模事業者から中規模へ。そして将来的には中堅や大企業へと成長することで、日本経済の拡大にも貢献できたら素晴らしいと思いませんか？
　もちろん、小規模事業者のままでも大丈夫です。少人数の職場で従業員と顧客に喜ばれながら、充実した経営者生活を送ることができれば、素敵な人生だと思いませんか？

　私は過去に火災で自宅が全焼した経験を持ちます。当時、地域の人々から多くの支援を受け、支え合うことのありがたさを実感しました。
　この経験が私自身の原点となり、地域の方々への恩返しの気持ちを胸

に、自らの事業を通じて社会に貢献したいと強く願っています。

　私の経営者支援・教育事業は、このような思いから始まりました。読者の皆様が、本書で補助金や助成金を学ぶことで可能性を広げ、夢を実現するお手伝いができれば幸いです。

　また、私たちだけでなく、小規模事業者の方々の多くが、同じ気持ちを抱き、補助金・助成金を活用して成長すれば、日本経済を活性化させ、輝く未来を築くことができると信じています。

2025 年 2 月

宗像 瞳

※本書は 2025 年度の制度対応の内容ですが、2025 年 2 月時点の情報に基づき執筆しておりますことをご了承下さい。

補助金・助成金で可能性を広げ、夢を実現しよう **はじめに**

読者様無料特典プレゼント

最新の補助金情報を無料プレゼント

　本書執筆（2025年2月）以降の最新情報を読者様専用ニュースレターにてお届けします。是非Eメールアドレスをご登録下さい。

　ご登録特典として、全国市区町村の約5000種の補助金情報を収録した「特設検索サイト」の利用権を無料プレゼントします。本書ではあまり扱わなかった地方自治体の補助金の最新情報を、ほぼリアルタイムに検索できます。市区町村ごとかつカテゴリーごとに調べられてとても便利なサイトを無料でご利用頂けます。是非ご利用下さい。
https://qrtn.jp/d4xkbwr

無料ひな形プレゼント

　特別プレゼントとして『小規模事業者持続化補助金の計画書テンプレート』MS-Wordファイルを無料でお届けします。このテンプレートを使えば、"簡単・迅速・効率的"に補助金申請ができます！　補助金の申請プロセスがぐんと楽になります。LINEに登録して、「テンプレート」とメッセージをお送り下さい。数量限定のため、早めにご登録下さいね。
URL:https://lin.ee/AvwmDdv

はじめに 2
── 補助金・助成金で可能性を広げ、夢を実現しよう──

第1章 15

必見！ フリーランス・副業・小規模事業者が活用できる補助金・助成金

ステップ1
まずは自分の現在地を確認しよう 16

■診断テストをやってみよう 16
■テスト結果　あなたはどのレベル？ 17

ステップ2
自分に合う補助金・助成金を見つけてみよう ... 20

■そもそも補助金・助成金って何か知っていますか？ ... 20
■実際に補助金・助成金を検索してみよう 25
■業種別にみる「もらえる補助金・助成金」参考例 ... 28
■実は小さな会社ほどメリットが大きい 30
■創業する場合どうするか 31
■メジャーな助成金・補助金申請の難易度を知っておこう ... 33

コラム① 経営に役立つ総合情報サイト「J-Net21」 38

第2章 39

従業員ゼロでももらえる補助金
—— 補助金活用で売上アップ ——

広告宣伝を充実サポート！「小規模事業者持続化補助金」 40

- ■従業員ゼロでも使える補助金 40
- ■経営に重要な販路開拓とは？ 40
- ■補助金で販路開拓して売上アップ 42
- ■いくらもらえる？—— 補助率と補助上限額 43
- ■申請前の重要ポイント 45
- ■何に使える？—— 対象経費は10種類も！ 46
- ■どうすればもらえる？—— 入金までの一連の流れ 49

広告宣伝を強力サポートしてくれる地方自治体の制度 51

- ■複数の地方自治体の制度が使える 51
- ■市区町村の制度例 54
- コラム2 補助金活用実践例 55

クラウドファンディングと補助金を活用した売上アップ法　56

- ■クラウドファンディングとは ……………………… 56
- ■クラウドファンディング経費の補助金活用 ……… 57

改装や機械導入も支援する「小規模事業者持続化補助金」　59

- ■補助上限額が50万円から250万円に増額 ……… 59

第3章　61

自分には関係ないと思ったらもったいない！雇用は簡単にできる

雇わないともったいない！補助金の要は賃上げ支援　62

- ■副業やフリーランスでも従業員を雇える ……… 62
- ■従業員を雇い入れ、事業を拡大しよう ……… 62

小さな事業者が従業員を雇うメリット　64

- ■雇った従業員に補助金・助成金申請をしてもらう ------ 64
- ■「賃上げ」でさらにお得にもらえる ------ 64
- ■従業員数が少ない方が有利！ ------ 67

初めて人を雇うには？
雇用手続きから助成金申請まで　69

- ■初めての雇用手続きと助成金 ------ 69
- ■雇用の利点と助成金活用 ------ 71

第4章　73

パートのみでもらえる
助成金・補助金

初心者でも取り組み易いお勧め助成金
「業務改善助成金」　74

- ■「業務改善助成金」の基本 ------ 74
- ■雇用保険に加入しなくても申請できる ------ 75
- ■申請対象になっているかどうか、まずは確認 ------ 76
- ■経費対象はパソコン、車やセミナー受講料までも ------ 79
- ■何をすればもらえるのか ------ 81

■お得な利用法 ……………………………… 83

■実際にもらえるのはいくら？ ……………… 84

■注意しておくべき点 ……………………… 88

従業員の賃金が高い場合でも使える「働き方改革推進支援助成金」 90

■「働き方改革推進支援助成金」の概要と申請要件 …… 90

■いくらもらえるか …………………………… 92

■何に使えるか ………………………………… 94

受給額が最大250万円「小規模事業者持続化補助金」 96

■「小規模事業者持続化補助金」の賃上げ特例 …… 96

■賃上げ特例の活用法 ……………………… 96

雇い入れでもらえる「特定求職者雇用開発助成金」 99

■高齢者を効果的に活用 …………………… 99

■雇い入れの要件・支給額 ………………… 100

第5章 105

従業員の育成や処遇改善でもらえる助成金と新設補助金

優秀な人材に長くいてもらうためには「キャリアアップ助成金」 106

- ■「キャリアアップ助成金」の概要 106
- ■どうすればもらえるか 106
- ■小さい会社・フリーランスがもらい易いコース 108
- ■受給までの流れ 116

従業員の育成には「人材開発支援助成金」 118

- ■「人材開発支援助成金」活用法 118
- ■どうすればもらえるか 119
- ■主な4つのコースのポイント 120
- ■経費＋賃金がもらえるコース 121
- ■制度導入により定額でもらえる「教育訓練休暇等付与コース」 133

2025年の雇用助成金拡充と新設補助金 136

- ■ 2025年度の雇用助成金拡充 136
- ■ 2025年の新設補助金——建物新築代も対象 138

第6章 141

誰でも書ける！
高得点が狙える「事業計画書」

事業計画書は「理念」や「思い」が大事　142

■事業計画は「今後の計画」だけではダメ 142
■経営者の「思い」をしっかり伝える 143

作成の前にまずやること　144

■「欲しいものリスト」を作成する 144
■自社の強み・弱みを知る（SWOT分析）　145

これが高得点を狙える事業計画書！　148

■実際の書き方を解説 148
■書き方はここを押さえておく 158
■スムーズに申請するために 162

結びに代えて 166
──個人事業者や小規模法人が補助金・助成金を積極活用する意義──

読者様無料特典プレゼント 173

第1章

必見！　フリーランス・副業・小規模事業者が活用できる補助金・助成金

　第1章では、フリーランス・副業・小規模事業者が活用できる補助金・助成金の基本を学びましょう。

　まず、読者の皆様に診断テストを受けて頂きます。16項目のうち YES がいくつあるのか、NO がいくつあるのかカウントしてみて下さい。その結果、皆様がどの立ち位置にいるのかご自身で確認できます。

　また、補助金・助成金の違いから、業種別のもらえる補助金・助成金事例、その難易度などご紹介いたします。難しそうに見えても、その全てが難しいわけではありません。取り組みやすい補助金・助成金を見つけて是非ご活用下さい。

ステップ1

まずは自分の現在地を確認しよう

診断テストをやってみよう

　補助金・助成金の基本を知る前に現在地を確認するため、診断テストを受けてみましょう。次の16の項目をお読み頂き、自分に該当するYESの数を数えてみて下さい。

①販路開拓（ホームページ制作をはじめとしたあらゆる販路開拓）を自費でやっている

②小規模事業者持続化補助金を知らない、または申請したことがない

③融資コンサルにお金を払っている、または払ったことがある

④クレジットカード還元率とは何かを知らない、または還元率1％未満のものを使っている

⑤社会保険料は自動的に金額が設定されると思っている、または軽減できることを知らない

⑥損害保険を活用したことがない、または保険料を支払ってばかりいる

⑦賃借不動産の家賃減額交渉をしたことがない、または家賃を経費にしていない

⑧人を雇用することによって助成金が申請できる場合があることを知らない、または方法を知らない

⑨研修代やセミナー受講料が助成される助成金を知らない

⑩大家さんも大家さんでない人もリフォーム費用がでる制度が

必見！フリーランス・副業・小規模事業者が活用できる補助金・助成金　第1章

　　　あることを知らない、または活用方法がわからない
　　⑪経営力向上計画（設備導入による法人税控除）を知らない
　　⑫補助金・助成金・給付金を社長しか知らずスタッフさんが把
　　　握していない、またはスタッフさんを雇っていない
　　⑬地元自治体の産業振興課等に毎月パンフレットを取りに行っ
　　　たり行政HPを検索したりしていない
　　⑭事業計画書を書いたことがない
　　⑮企業理念がない、またはうわべだけの理念になっている
　　⑯事業継続力強化計画を知らない

テスト結果　あなたはどのレベル？

　全部で16の項目の中で、YESの数はいくつありましたか？　次にテスト結果をまとめましたので、ご確認下さい。

0個　　　ブルーレベル
　　　　　全部知っているあなたはコンサルレベルです。引き続き最
　　　　　新情報をゲットしていきましょう

2個　　　グリーンレベル
　　　　　やばい度レベルは低めですが、あと少し惜しいところで損
　　　　　をしています。少し勉強すればブルーレベルにいきます

3〜5個　イエローレベル
　　　　　一般の人に教えられるレベルですが、お金がだだもれです。
　　　　　いますぐふさいで！

6個〜　　レッドレベル
　　　　　やばい度レベルはマックスです。キャッシュが全然たま
　　　　　らないレベルなので今すぐ対策が必要です。でも1個で
　　　　　も減らすとキャッシュがたまります！

もし、ゼロの方がいらっしゃったら、すぐにでもコンサルタントとして活躍ができるでしょう。

YES が 2 つの方も非常にレベルが高いですね。これから、もっと勉強していくと、より事業が有利に運びます。

3 から 5 つでイエローレベルです。「まだ知らないの？」といった感じで、普通の人に教えてあげられるレベルですが、それでもまだまだチャンスを逃しています。

YES が 6 つ以上の方は、チェックしていない項目を頑張って実行するだけでも、かなりキャッシュがもらえます。

とはいえ、たくさんのチャンスを逃していますので、特に次の項目のチェックをされている方は、本書のご活用を強くお勧めいたします。

⑪販路開拓（ホームページ制作をはじめとしたあらゆる販路開拓）を自費でやっている

販路開拓には、ホームページ制作や EC サイト制作といったものが挙げられます。宿泊業の場合であれば、予約サイトに掲載する写真撮影なども該当しますね。

これらは全て販路開拓の対象です。多くの事業者は、販路開拓にかかる費用を自費で負担されています。たとえ融資を使っていても、融資は返さなければいけないお金ですから、結局は自分のお金を使っていることになります。

それが補助金としてもらえたら、どうでしょう。あなたのビジネスに大きくプラスに働くと思いませんか？

⑫補助金・助成金・給付金を社長しか知らず、スタッフさんが把握していない、またはスタッフさんを雇っていない

スタッフさんを雇っている会社で、「社長は補助金・助成金・給付金があるということを把握していても、スタッフさんが補助金・助成金・給付金をわかっていない」というケースです。

第2章以降で詳しく解説しますが、スタッフさんに申請してもらえれば、社長が面倒な事務作業をする必要がありません。もちろん、どのようにビジネスを進めるか、そのためにはどの補助金・助成金が使えるのかなど、判断の部分は経営者の仕事です。

逆にいえば、社長は自分にしかできない経営に注力して、補助金申請の実作業を任せることもできます。また、それが助成金の対象になるのです。

この辺りをよく理解できれば、補助金・助成金・給付金をもっと身近に活用できるようになります。

⑬地元自治体の産業振興課等に毎月パンフレットを取りに行ったり行政 HP を検索したりしていない

市区町村、都道府県の産業振興課、またはそれに近い名前の課があるのですが、そこにあるパンフレットは情報の宝庫です。

自治体 HP でも情報は収集できますが、掲載していない制度もあるため、最初のうちは特に実際にパンフレットをもらいにいくのがお勧めです。

いかがでしょうか。16 の項目のうち、YES の数が 1 つでも減るとコスト削減につながります。特に補助金・助成金を活用できれば、あなたの事業に大きくプラスに働くことでしょう。

しかし、補助金・助成金に対して「難しそう」「面倒そう」というイメージを抱かれている方は多いです。そうした苦手意識を持つのは、補助金・助成金を知らないから。お役所のホームページでは全容がわかりにくいというのもあると思います。

そこで本書の出番です。わかりやすく解説していますので、補助金・助成金を基本から学んで頂けたら幸いです。

ステップ2
自分に合う補助金・助成金を見つけてみよう

そもそも補助金・助成金って何か知っていますか？

　補助金と助成金はほぼ同じで、行政の意向に沿った取組を事業者が行うことにより、後でお金が返ってくる仕組みです。

　借入金ではないので、返済不要です。もらえる金額は通常経費の一部になりますが、たまに全額、まれに経費額を超えて、補助される場合もあります。

　対象費用にするためには、一部の制度を除き、申請後採択され（合格し）、交付決定後から発注をすることになります。

　交付決定を受けても使わなかったからといってペナルティはありません。変更が生じた際には、変更届で変更も可能なものが多いです。

　前もって計画的に先に予算・枠を取るために申請しておくことを是非お勧めします。

　ただ、制度により大きく違う点があります。それは「計画書」の有無です。多くの国の補助金では事業計画書を書く必要があります。事業計画書の書き方については第6章で解説していきます。

　はじめて申請する場合は、申請しやすい厚生労働省の助成金から取り組んでみると良いでしょう。

　国の「補助金」は、1955年に制定された「補助金等に係る予算の執行の適正化に関する法律」、いわゆる「補助金適正化法」という法律に基づいた制度。

　事業者や個人事業主の取組をサポートするため、必要資金の一部を文

字通り“補助”するもので、補助金によって狙いや目的はさまざまです。

　補助金の給付には審査があるので、申請したら必ず受給できるわけではありません。中小企業向け補助金は、主に経済産業省の中小企業庁が主導する形で、制度が運営されています。他に、国土交通省や観光庁などが管轄する補助金もあります。特に、販路開拓や新たな事業展開の資金は、中小企業庁等が補助金として手厚く支援しています。

　一方、「助成金」は、厚生労働省が管轄する支援制度。たとえば、雇用の維持を図るための助成金である雇用助成金は、「雇用保険法」等の厚生労働省が所管する法律で定められています。
　目的は補助金と同様、やはり個人事業主を含めた事業者の取組をサポートすることです。従業員の雇用、処遇改善や教育研修のみならず、業務効率改善への取組の代金についても、厚生労働省がサポートしてくれます。

　このように、国が行っている補助金や助成金については、22ページに掲載した「補助金と助成金の主な違い」の表をご確認下さい。それぞれ特徴がありますが、どちらも銀行融資などと違って、返済の必要はありません。

　地方自治体にも、その地域の特性や問題を背景とした独自の補助金・助成金による支援制度を打ち出しているところが数多くありますので、一度ご自身でチェックしてみることをお勧めします。

　なお、地方自治体の制度については、私たち著者が検索システムを提供していますので、ご希望の方は次のURLにアクセスして下さい。

【補助金・助成金検索システム】https://qrtn.jp/d4xkbwr

地方自治体では自治体ごとに名付けているため、補助金と助成金との区分は一概にできません。

　地方自治体はサポートが充実しています。新築費用が出るなどのケースもあり、国の補助金に比べて採択率も高いので、是非1カ月に1回は検索をかけて調べてみましょう。
　実は地方自治体の助成金は、国が行う全国版の助成金や補助金に比べて申請がしやすいものが多く、申請書も全国版よりも簡易的なものが多いので取り組みやすいです。

補助金と助成金の主な違い

	補助金	助成金
主な省庁	経済産業省などの国の官公庁や地方自治体	①厚生労働省 ②地方自治体
対象・目的	中小企業や個人事業主 主に行政の政策目標の実現支援に関するもの	①人を雇っている事業者 ②地域の事業者 主に雇用、労働環境の改善等または地方自治体の政策目標の実現支援に関するもの
条件	審査で点数の高い順に採択・交付決定され、その後に実施可能	要件を満たせば受給可能な場合が多い
給付時期	補助事業が終了して実績報告をした後	支給申請の数カ月後
募集期間	募集開始から数週間程度	厚生労働省は予算がある限り通年、地方自治体は補助金と同様
返済	ルール違反・目標不達成を除き不要	ルール違反を除き不要
申請代行権	申請事業者自らの申請を定めるものが多い	申請事業者の他、雇用助成金は社会保険労務士が代理申請可

必見！フリーランス・副業・小規模事業者が活用できる補助金・助成金　第1章

　次に、国の補助金と助成金とを改めて比較しましょう。助成金は主に厚生労働省の制度で、人を雇ったら始まります。

　補助金は、経済産業省から農林水産省、文化庁と様々な国の機関が予算を持っています。採択制度といって点数の高い順から採択される仕組みです。

　ここ数年、注目されていたのは「事業再構築補助金」です。新築が可能であったり、中古を仕入れてリノベーション費用を出してもらったりなど、今までにない珍しい補助金でした。

　補助金は上限金額が大きくて、数百万、数千万円、数億円。もっと上で数十億円もあります。

　補助金を受けるためには、前述したように計画書が必要です。また、大きな額の補助金には、補助金と併せて融資が必要なことが多いので、国から応援されるための事業計画書の書き方をマスターすることが必要になってくるということです。

　サラリーマンであっても法人の設立や、個人事業主登録をした時点から、お世話になるのは経済産業省の中にある中小企業庁です。国土交通省もありますし、アーティスト系なら文化庁が入ってきます。

　それから都道府県、市区町村の先ほど述べた産業振興課や、産業課というところがサポートしてくれます。

　そして人を雇用し始めたら、厚生労働省が味方になってきます。味方に付けるために重要なのは、労働行政を知ること。銀行や仕入れ先と同じで、相手を知れば知るほど資金調達に協力してくれます。

　皆様がこうした補助金・助成金を選び放題になったらすごくいいなと思っています。「これだったらこっち」「あれならあっち」というような形で、事業の状況に応じて柔軟に使えるようになるのが一番です。

23

例えば「販路開拓」をする場合、大家さんなら入居者募集の看板など いろいろあると思います。

　大家さんではなかったらホームページや展示会ギフティング、告知、OEM、開発費、動画制作があります。写真撮影やサンプル費用、これも全て対象になり得ます。商品棚や看板、チラシなどです。

「業務改善助成金」や「働き方改革推進支援助成金」など国策に関わる助成金もあります。

　これからの日本は、どうしても人口が少なくなりますし、1人当たりの生産性を上げなければいけません。業務を楽にするための助成金ですから、クラウドや RPA といったコンピュータシステムも対象です。

　補助金や助成金には、申請しやすいものと申請しにくいものが存在します。

　比較的申請しやすいのは、厚生労働省が管轄する雇用助成金です。雇用助成金は申請可能期間が長期に及び、その間予算が切れない限りいつでも申請できるのが特徴です。

　雇用助成金は、常に何十もの種類やコースが同時に走っています。その都度、内容や要件に合うものを選べば、すぐに申請することが可能です。

　あまり支出をせずに制度導入や目標達成するのみでもらえるものも多くあります。

　また、書類のどこに不備があるのかなど、申請が通らない理由をきちんと指摘してくれることが大半です。

　つまり、要件にさえ当てはまっていれば、粘り強く修正していくことで、最終的には申請が通るようになるわけです。

　一方、中小企業庁等が管轄する補助金については、不備がある部分を指摘して申請書類の修正を求めるといった親切な対応は通常なく、提出書類に基づき一つひとつの要件について審査をして点数をつけていく

「採点式」。書類をすべて揃えて提出したとしても、審査に通らなければ補助金はもらえません。点数が高くなるような努力や工夫が必要です。

　また、通常数カ月間の補助事業実施期間中に対象となる取組が終わった後に「実績報告」をして、審査を経て支払われるのが一般的な流れとなり、先に事業資金を投じる必要があります。

　公募されて数週間という期間内での申請が必要であり、一つの行政機関・部局ではまったく募集がない時期もあります。

　補助金のほうが、もらえる金額の多いものが目立つのでつい補助金に目が行きがちですが、申請しやすさの観点から、まずは厚生労働省の助成金や地方自治体の少額な制度の申請から取り組んでみるといいでしょう。

実際に補助金・助成金を検索してみよう

【補助金・助成金検索システム】に都道府県だけ入れて検索すると、多くの件数がヒットします。これが市区町村まで入れるとかなり限定はされるのですが、一回、市区町村まで入れて検索して、あまり無さそうなら都道府県だけで検索してみて下さい。

　カテゴリをチェックするとかなり絞られてしまうので、絞らないほうがいいでしょう。

　狙いやすいのは、都道府県のものや市区町村のものです。私は東京都板橋区で事業をしていますが非常に充実しています。

　私が自分で情報を取りに行っているからだと思うのですが、他でも豊島区もいいですし、練馬区もいいと思うのです。やはり東京は一番予算が多い印象を受けます。会社も多いし税収も多いからでしょう。

観光業であれば、東京都には観光財団があって、コンサル費用もかなりたくさん出してくれます。本書では、多くの皆さんが対象となる国の制度を中心にご紹介しますが、少なくとも１カ月に一回は地方自治体制度の検索をかけてほしいです。所要時間は 10 分もいりません。

　今までの事例で、一番大きい金額でいえば、愛知県が宿泊業などいろいろな業態の「新築費用を１億円出します！」というのが出ていました。他県でも新築費用を出す助成金がありました。また、間違えずに申請さえすれば、誰でも受かるものもありました。

　国の制度になると、採択率が 30 ～ 40％しかない補助金も多いですが、地方自治体はもっと採択率が高いです。

　しかも、すぐそこの受付の人に聞けるのが最大のメリットです。ですから、是非地方自治体、都道府県の情報をキャッチして頂きたいです。

　今月はなかったとしても、一年間の間に１本でも大きいものがあったらすごくいいですし、１～２本、３本とか、２カ月に１本あるくらい多いです。ですからアンテナを張って頂きたいです。

　できない方は、それをできる人に依頼するという手もあります。その際に、私は家族を雇うことをお勧めしません。やはり家族はわがままが言えます。配偶者に頼りすぎて、不満が募り喧嘩になってしまうこともあるでしょう。

　それよりは他人を雇って「検索して探して、申請をしてね」と頼んだらいいと思います。こうした雇用もまた助成金の対象になります。そして、【補助金・助成金検索システム】を１カ月に一回見て頂くのがいいと思います。

必見！ フリーランス・副業・小規模事業者が活用できる補助金・助成金　第1章

　補助金・助成金のルールとしては、採択―合格発表を受けてから使える費用になるので、補助金・助成金を使わなくても問題はありません。お金がもらえないというだけの話です。

　また補助金・助成金への取り組みでは、実施途中に変更があるものです。変更はその都度事務対応する必要がありますが、まず枠を取っておきましょう。

　スタッフさんが「パソコンが壊れたから、家電量販店に今日買いに行きます」となれば、スペックのもっと良い機種が同じ金額であるにも関わらず、リサーチの時間が取れないため、割高なパソコンを買ってしまう可能性もあります。

　それから何よりも補助金・助成金を申請していないので、お金が戻ってこないことがあります。ですから余裕を持って申請していく。面倒に思えるかもしれませんが、しっかり申請していきましょう。

　これは中堅企業以上ならばどこの会社も知っています。上場企業も決算書を見ると、営業外収益として１～２億円も補助金・助成金を得ている会社があります。大企業はちゃんと稟議立てて予算を組んで、補助金・助成金を使っているのです。

　たとえ申請して採択されて、結果使わないということがあっても、ペナルティはありません。是非、枠を先に取って申請していくことをお勧めします。

27

業種別にみる「もらえる補助金・助成金」参考例

　続いて、業種別にもらえる補助金・助成金の参考例を写真に合わせてご紹介します。ご自身のビジネスに照らし合わせて、どんなシーンで活用できるか、イメージ下さい。

●不動産系

- サウナ設備（バレルサウナ）
- 電気チャージャー
  電気自動車に電気をチャージするための設備で賃貸業、宿泊事業、飲食業なども申請可能です。
- 草刈り機
  土地が広い不動産などで活用でき、人気です。

バレルサウナ

電気チャージャー

●建物

- 新築または修繕費用
  （土地・中古物件取得費用や賃貸業に資するものは対象外）
  宿泊事業、倉庫業等、賃貸業以外の事業である必要があります。
- 不動産購入のために地主や不動産取引事業者にDM等を発送する費用
- 電話営業代行費用
- 土地検索ツール
- 車両、貨物車等

建物

必見！フリーランス・副業・小規模事業者が活用できる補助金・助成金 第1章

● **美容院、ネイルサロン系、ペットショップ等（キーワードは「新たなニーズ」、「新メニューの提供」）**

・ヘッドスパ台、チェア
・和式トイレ→洋式トイレ
・エステの機械
・看板（屋外・屋内ライトも含む）
・業務提供のための機械の導入
・看板、ホームページ、写真撮影等

ヘッドスパ台

洋式トイレ

● **飲食系（キーワードは「新たなニーズ」、「新メニューの提供」、「業務効率改善」、「省人化」）**

・業務用冷蔵庫や電子レンジ
・和式トイレから洋式トイレへの変更
・看板（屋外・屋内、ライトも含む）
・業務提供のための機械の導入
・看板、ホームページ、写真撮影等

業務用冷蔵庫

● **物販業者**

・荷物運搬用の車両
・パッケージデザイン費用
・同梱広告物の費用
・ホームページ製作費
・モデル撮影費用
・ECサイト構築費用

車　　モデル

● **情報提供者**

・会員サイト構築
・PC類、撮影費用　ホームページ作成費用、動画編集等

パソコン

29

また業務が楽になるという点からも、ツールを活用することで作業時間が30分でも短縮できるといった理由であれば対象になりやすいです。具体的には、クラウド会計、クラウドファイルサービスなどのクラウド、AI、IoT、RPA等があります。

実は小さな会社ほどメリットが大きい

　補助金や助成金は「小さければ小さい会社ほどお得な制度」と考えています。第4章でも解説しますが補助金や助成金には、1件当たりや1社当たりの上限額が定められているため、年商10億円の大会社でも年商100万円の小会社でも、もらえる金額はそこまで大きく変わらないからです。

　補助金や助成金には、「要件を満たせば〇〇万円が受給できる」という「定額制」と、「要件を満たせば対象支出額の一定割合が受給できる」という「定率制」があります（もっとも、行政ではこのような名前をつけていませんが）。

　「定額制」については、実額経費の多寡に関わらず、同じ金額をもらえる補助金や助成金です。実額経費を超えて受給できるものもあります。
　年商10億円の大会社が100万円の補助金を受給するのと、年商100万円の小会社が同じ100万円を受給するのでは、年商100万円の会社のほうがインパクトは大きいです。

　「定率制」では、資本金や従業員の数などによって「規模の大きい会社は2分の1なのに対し、規模の小さい事業者は4分の3」などと助成率（支出額に対して支給される補助成金額の割合）が変わる場合があります。
　大きい会社が100万円の支出のうちの2分の1で50万円の補助金を受給し、小さい会社が同じ100万円の支出のうちの4分3で75万円の

補助金を受給したら、やはり小さい会社のほうがメリットは断然大きいです。

創業する場合どうするか

創業する場合は個人事業の開業届を税務署に提出します。または法務局にて法人設立登記手続きをとります。

創業したら、まずは地方自治体による「特定創業支援事業」を受けて、認定書をもらいましょう。この認定書があることで、創業補助金を申請したり、創業融資の優遇を受けたりできます。

また、創業時に活用できる補助金（創業して5年以内）は以下のものがあります。

・小規模事業者持続化補助金（創業型）
・創業補助金等（「J-Net21」で確認できます）

また、独自に進めていこうにもやり方がわからないとお考えの場合は、国や各地方自治体等の創業サポートが充実しているので安心です。

経営をはじめたら、つまりサラリーマンであっても法人を設立したり、個人事業の開業届を出したりしたら、以下の機関から支援を受けられます。これらの機関のホームページもチェックしましょう。

・中小企業庁（経済産業省）や国土交通省、アーティスト系は文化庁
・都道府県や市区町村の産業（振興）課または商工課
・人を雇用し始めたら、厚生労働省

続いては融資です。開業後に売上が伸びてきた場合、仕入れがあるビジネスでは黒字倒産になる恐れがあります。そこで運転資金の借入を検討しましょう。

また、設備投資も必要になるかもしれません。その場合もその運転資金・設備資金のため、創業5年以内であれば創業融資が借りられます。その際に、「特定創業支援事業」の認定書があれば、金利等が安く抑えられます。

このような流れでいけばスタートアップもスムーズになります。そして、個人事業の利益が900万円を超すようになったら、節税対策や信用力アップのために法人化を考えた方が良いでしょう。

創業からの流れ

個人事業の開業届を出す
特定創業支援事業を受け、
認定書をもらう

売上が伸びてくると、融資が必要になる場面も
創業融資が受けられる

＜融資＞
信用保証協会
プロパー・日本政策金融公庫
銀行の利用

創業
融資

・小規模事業者持続化補助金の活用をはじめる
・創業補助金等（5年以内がお得）

法人化

利益が900万を超すようになると節税対策のために法人化を考える

必見！ フリーランス・副業・小規模事業者が活用できる補助金・助成金 第1章

メジャーな助成金・補助金申請の難易度を知っておこう

　助成金・補助金は、取組内容のレベルがそれぞれ異なりますので、「丘レベル」「富士山レベル」「エベレストレベル」と大きく3段階に分けられます。あらかじめ難易度を知っておくとご自身に合わせて選びやすくなります。

　ここからはレベル別に融資も含めて解説します。まず「業務改善助成金」や「働き方改革推進支援助成金」というのは丘レベルです。これらの助成金は点数化する審査がなく、要件さえ満たせば助成が受けられる可能性があります。

　その次に、市区町村の助成金があります。この第1章の「実際に補助金・助成金を検索してみよう」の項目でご紹介した地方自治体の制度です。35ページの図で「キャリアアップ助成金」を「業務改善助成金」より少し上にしているのは、「これをやらなければいけない」という規定が多いからです。

　業種別にいろいろ出る中でも、「小規模事業者持続化補助金」は使いやすいです。

　ただし、「小規模事業者持続化補助金」の審査の基本となるのは、点数化される事業計画書なので、人によって富士山レベルとなります。

　補助金・助成金の申請方法は後述しますが、補助金の申請書類に事業計画書があります。その事業計画書は銀行融資にも使えます。ですから事業計画書を書くのは一石二鳥です。

　ただし、人によっては事業計画を書くのを難しく感じる人がいます。この書き方については第6章にて詳しく解説しています。

　数百万円の運転資金融資を受けるのも、この富士山レベルになります。

　ではエベレストレベルに行きましょう。これは設備資金の調達です。数千万円から億単位の補助金が出ます。またこの規模の融資を受けて設

33

備投資するのもこのレベルの取組です。私の事例でいえば、宿泊事業で活用した「事業再構築補助金」がエベレストレベルに該当します。

　それから「ものづくり補助金」、その他、地方の数千万円から億単位の補助金になります。ここまでの申請書類が書けるようになったら怖いものはありません。丘レベルから順番に登る方もいれば、エベレストから逆算して降りてくる人もいます。

　エベレストのレベルに合わせておけば、数字もきっちり書いて銀行融資で必要なレベルを全て網羅するので、何も言うことはありません。

　事業計画書があればすごく便利ですし、融資は返済すべきものではありますが、補助金を合わせることで設備投資実施時の自己資金を減らせます。
　融資を使うことで、補助金上限額までを補助金で担い、超過部分は融資を使うことができます。

必見！ フリーランス・副業・小規模事業者が活用できる補助金・助成金 第1章

メジャーな助成金・補助金の難易度レベル

メジャーな助成金・補助金の難易度を知っておこう

攻略は、簡単な方から。
または険しい山からチャレンジする人もいる。

エベレストレベル

**数千万円〜数億円規模の
設備投資資金融資レベル**

事業再構築補助金・中小企業新事業進出促進事業
ものづくり補助金
その他、地方の数千万円クラスの補助金・助成金

**運転資金数百万円の
運転資金融資レベル**

小規模事業者
持続化補助金

富士山レベル

雇用保険適用
ならば
キャリアアップ
助成金
人材開発支援
助成金

ＩＴ導入補助金
市区町村の助成金・補助金

雇用があれば
業務改善助成金
働き方改革推進支援助成金

丘レベル

雇用保険適用ならば
特定求職者雇用開発助成金

35

主催行政庁により難易度の大まかな傾向が決まってきます。

①中小企業庁（経済産業省）or 国土交通省 or 文化庁（富士山
　〜エベレストレベル）
②都道府県→丘と富士山レベルの間（一部エベレスト級もあり）
③厚生労働省、市区町村→丘レベル

　手間や労力といっても、小規模な事業者であれば経営者独力または
パートさん一人で十分対応可能なレベルです。
　申請の仕組みをあまりに複雑にしすぎたり、必要書類をあまりに多く
しすぎたりしてしまうと、申請する事業者も審査をする行政側も大変で
す。そのため、制度はなるべく簡素化しようという担当者の意図が働い
ているのです。

　それに、実は国や地方自治体には「事業者に補助金や助成金を活用し
てほしい」という考えが根底にあるのです。
　行政機関・部署は、それまでの実績や成果をもとに、次の年度の予算
を要求します。でも、実際にそれほどお金を使わなかったら、次の予算
要求時予算を減らされてしまう可能性があります。

　また、今年度の予算措置に対して、十分な実績や効果が得られない場
合も、やはりその後の予算枠を確保しづらくなってしまいます。その予
算枠の担当者としては、なんとしても予算を使い切り、十分な効果や実
績を得たいと考えるはずです。

　加えて補助金や助成金の予算には、行政側の運営コストも含まれます。
行政からの業務委託先の事務所賃貸費、人件費、システム開発費など、
相当な額がかかります。
　事業者に対する支援を目的にしているにもかかわらず、事業者に配っ

たお金より制度運用のための経費が大きいようでは「税金の無駄遣い」と指摘され、翌年度の予算を削減される可能性もあります。

　実際に補助金や助成金の制度が目の前にあるわけですから、それらを大いに活用し、自らの事業の助けにすべきなのです。

　そして、補助金・助成金を活用した雇用拡大や設備投資等で地域社会に貢献するとともに、最終的に自社の利益と納税額が上がることは経営者の誇りです。それによって、行政が公金を支出した目的も達成されます。

コラム ①

経営に役立つ総合
情報サイト「J-Net21」

　中小企業支援の総合情報サイト「J-Net21」（https://j-net21.smrj.go.jp/）は、独立行政法人の中小企業基盤整備機構が運営する中小企業や創業予定者、また支援者のためのポータルサイトです。

　このサイトでは経営のノウハウや経営課題に役立つ知識など、経営者にとって知りたい情報を簡単に得ることができます。

　このサイトでは「経営ハンドブック」として、「人材不足を解消したい」「生産性を高めたい」という、経営において発生する課題に役立つ知識がカテゴリごとにまとめられています。

【経営ハンドブックカテゴリ】

・ビジネス Q&A
経営における様々な悩みに対して専門家が直接回答

・特集・事例
企業事例や様々なテーマの解説記事を掲載

・起業マニュアル
起業に必要な情報をステップごとに網羅

・業種別開業ガイド
300 件以上の業種ごとの開業準備手引書

第2章

従業員ゼロでも もらえる補助金

― 補助金活用で売上アップ ―

　本書の読者様は、中小法人経営者様のみならず、一人で仕事なされている個人事業主や副業事業者の方々もいらっしゃることでしょう。補助金は、従業員を全く雇用していないフリーランスや副業の方々でも受給できます。実際私は、従業員のいない小規模事業者の方々の支援を多数経験し、百人以上のそうした経営者様に補助金を得て頂きました。

　第2章では、従業員を全く雇用していなくても使える補助金の代表格である小規模事業者持続化補助金を中心に、広告宣伝や改装・設備投資等への補助金活用を解説します。

広告宣伝を充実サポート！ 「小規模事業者持続化補助金」

従業員ゼロでも使える補助金

　従業員ゼロの事業者でも申請できる補助金の代表格が、国の「小規模事業者持続化補助金」です。持続化補助金ということもあります。

　好景気とはいえ、インボイス導入、物価高騰等、小規模事業者は経営が大変な状況に直面しています。こうした状況に対応するため、新たな販路開拓等を迫られている経営者が増えています。

　そこで政府は、小規模事業者等が取り組む販路開拓等の取組の経費の一部を補助することにより、地域の雇用や産業を支える小規模事業者等の生産性向上と持続的発展を図ることを目的とし、小規模事業者持続化補助金を充実させています。

　この制度は、小規模事業者等が自ら作成した持続的な経営に向けた経営計画に基づく、販路開拓等の取組（例：新たな市場への参入に向けた売り方の工夫や新たな顧客層の獲得に向けた商品の改良・開発等）や、販路開拓等と併せて行う業務効率化（生産性向上）の取組を支援するため、それに要する経費の一部を補助するものです。

経営に重要な販路開拓とは？

　まずは、この制度を活用した広告宣伝についてみてみましょう。販路開拓とは、製品やサービスの販売先を新たに開拓し、売上を増加させるための活動を指します。これには、既存の市場の拡大、そして新しい市場への参入、他業者との連携など、さまざまな戦略が含まれます。

ではどのような広告宣伝が考えられるでしょうか。取組の方向性ごとに販路開拓手法を挙げてみます。

①オンライン販売の強化

- ・EC サイトの立ち上げ・運営（Amazon、楽天など）
- ・自社サイトの構築と SEO 対策
- ・SNS マーケティング（Instagram、Facebook、TikTok など）

②新規市場への参入

- ・海外への輸出
- ・地域市場への展開（地方イベント・フェアへの出展）

③営業活動の強化

- ・飛び込み営業・テレアポ
- ・見本市・展示会への参加
- ・顧客訪問や商談会の開催
- ・ダイレクトメール発送

④異業種連携・コラボレーション

- ・他社との共同キャンペーン
- ・コラボ商品の開発

⑤販促活動の充実

- ・広告（テレビ、ラジオ、新聞、雑誌）
- ・プレスリリースの配信
- ・インフルエンサーとの提携

⑥既存顧客との関係強化

- ・リピート顧客向けの特典やキャンペーン
- ・メルマガ配信、定期的なフォローアップ

すなわちお客様を増やす取組のことです。広告宣伝はもちろん販路開拓の取組の一つです。

補助金で販路開拓して売上アップ

　販路開拓費は補助金で出ます。中でも小規模事業者持続化補助金は全国で使える非常に便利な制度です。前述したように従業員ゼロの事業者も使えます。フリーランスや副業の方々は是非この補助金から検討を始めて下さい。

　小規模事業者持続化補助金にて、販路開拓費用として対象となり得る広告宣伝費は、例えば次のようなものです。

　・展示会出展費
　・チラシ作成・配布費
　・ダイレクトメール作成・発送費
　・ウェブページ制作費
　・PR動画・写真撮影
　・看板設置費
　・メニュー表作成費
　・ノベルティ（販売用販促粗品）購入費

　また、広告宣伝費の範疇を超えますが、試作品のサンプル制作費など商品開発費も補助金対象になり易いです。

　魅力的な商品やサービスを開発したのちに重要なのは、広告・宣伝をして多くの人に知ってもらうことです。広告・宣伝は消費者への認知を拡大し、自社の売上を伸ばすために必須のツールです。

　しかし広告・宣伝には多額のコストがかかりますし、どれほどの効果があるか読みにくく、積極的には行いにくいのも事実です。

　そこでお勧めしたいのが、補助金や助成金を広告・宣伝費として活用することです。私の顧客でも、「自社の資金だけでは多額の広告・宣伝

費を投じることはできないが、補助金や助成金で支援されるなら広告を打ちたい」と考えるケースは珍しくありません。

この補助金は元来、広告宣伝費が主用途の制度でした。私は、広告宣伝費を持続化補助金で出して、取引先リストを得る方法を好みます。広告費を投じて取引先や見込先が増えると、そのリスト・名簿は長期的に利用できます。

顧客リストの価値は貸借対照表には載らず、広告宣伝費は会計上では費用ですが、資産価値があります。私は広告宣伝費を使って事業拡大してきましたが、それができたのは持続化補助金によるところが大きいです。

いくらもらえる？—— 補助率と補助上限額

「小規模事業者持続化補助金」は、小規模事業者が取り組む販路開拓や、生産性を向上させる取組への支援を目的とした補助金です。

販路開拓のための広報にかかる費用や旅費などに加え、店舗の改装、商品開発、設備の購入・リースなど、幅広い経費が補助の対象になります。

この補助金は、以下の４つの「型」に分けられています。

(1) 一般型 ［①通常枠／②災害支援枠］
(2) 創業型
(3) ビジネスコミュニティ型
(4) 共同・協業型

ここでは「(1) 一般型①通常枠」と、「(2) 創業型」について取り上げます。

「(1) 一般型①通常枠」は、この補助金のベースとなる枠となり、補助

率（かかった経費に対する補助金の割合）は3分の2、補助金の上限は50万円です。

　第4章96ページで詳述しますが、賃金引上げ特例対象事業者では補助金上限額が200万円となります。また、「(2) 創業型」も補助上限額が200万円となります。

　さらに、インボイス事業者になることで、上限額が200万円から250万円に増える仕組みがあります。つまり、376万円以上の対象支出のうち、250万円まで補助される可能性があるということです。
申請型ごとの「補助率」と「補助上限額」については下の図表をご参照下さい。

小規模事業者持続化補助金の「補助率」と「補助上限額」

	(1) 一般型①通常枠	(2) 創業型
補助率	**2/3** （賃金引上げ特例の対象事業者で業況が厳しい事業者は 3/4）	**2/3**
補助上限	**50万円** （インボイス特例対象事業者は100万円　賃金引上げ特例対象事業者は200万円　両特例対象事業者は250万円）	**200万円** （インボイス特例対象事業者は250万円）

　インボイス特例とは、一定期間内に免税事業者が適格請求書発行事業者の登録を受けた事業者に対して適用される要件です。

　つまり従業員がゼロの事業者でも、「(1) 一般型①通常枠」または「(2)

創業枠」が使えます。

申請前の重要ポイント

それでは「小規模事業者持続化補助金」の申請で、おさえるべきポイントをみていきましょう。

ポイント① 小規模事業者の条件

この「小規模事業者持続化補助金」は、「小規模事業者」であることが前提になっています。もちろん、個人事業主も対象です。

商業・サービス業の会社の場合、通常のフルタイム従業員の3/4を超える契約時間で雇用するフルタイムに近い従業員が5人または20人以下というのが、ここでいう「小規模事業者」の定義です。かなり規模の小さい会社や個人事業者を対象としていることがわかります。くり返しになりますが、従業員ゼロの事業者も対象です。

対象になる事業者の業種と常時使用する従業員の数は以下の通りです。

・商業・サービス業（宿泊業・娯楽業除く）［従業員数5人以下］
・宿泊業・娯楽業［従業員数20人以下］
・製造業その他［従業員数20人以下］

なお、常時使用する従業員には、会社役員や個人事業主本人、また、短時間または季節契約のパート・アルバイトは含みません。

ほかに、資本金5億円以上の法人に株式の100％を保有されていないこと（間接保有も含む）や、直近3年間の課税所得の平均が15億円以下という前提条件もありますが、一般的に「小規模事業者」と呼ばれる会社であれば、特に問題はないでしょう。

ポイント② 事業支援計画書の発行

　小規模事業者持続化補助金の申請に必要な書類のうち、「事業支援計画書」を発行できるのは、事業実施地を管轄する商工会・商工会議所と定められています。

　そのため、事業を営む地域を管轄する商工会、あるいは商工会議所から簡単な支援を受ける必要がありますが、会員になる必要はありません。

ポイント③ 書類選考の上、採択される必要がある

　また注意点としては、補助金は雇用助成金とは違って、書類選考の点数が上位から順に採択されるものです。つまり、経営計画書その他の要件を具備した書類を作成・提出したからといって、必ずもらえるとは限りません。

何に使える？──対象経費は10種類も！

　次に対象経費についてみていきます。基本的には、支出の目的が新たな販路開拓等に関連するものであることが、カギとなります。

　また、補助の対象となる事業と経費の幅がかなり広いのが、この補助金の特徴です。次ページの図表の対象経費活用事例をご覧下さい。

従業員ゼロでももらえる補助金 ―補助金活用で売上アップ― 第2章

小規模事業者持続化補助金の活用事例

補助対象経費科目	活用事例
①機械装置等費	補助事業の遂行に必要な製造装置の購入やコンピュータシステムの導入等
②広報費	新サービスを紹介するチラシ作成・配布、看板の設置等
③ウェブサイト関連費	ウェブサイトやECサイト等の開発、構築、更新、改修、運用に係る経費
④展示会等出展費	展示会・商談会の出展料等
⑤旅費	販路開拓（展示会等の会場との往復を含む）等を行うための旅費
⑥新商品開発費	新商品の試作品開発等に伴う経費
⑦借料	機器・設備のリース・レンタル料（所有権移転を伴わないもの）
⑧委託・外注費	店舗改装など自社では実施困難な業務を第三者に依頼（契約必須）

これらの経費のうち、目的外の用途でも使われ易い自動車やパソコン、文房具などの購入については補助の対象外となります。また、購入する際に「10万円を超える現金払い」も対象外になるので注意が必要です。クレジットカードでの支払いは10万円以上でも可能です。

　対象となる経費のうち「広報費」の例を見ると、次のものが挙げられています。

　・チラシ・カタログの外注や発送
　・新聞や雑誌などへの広告
　・看板の設置
　・販促品
　・ダイレクトメールの発送

　一方、対象にはならない例は以下となります。

　・販売用商品と同じ試供品
　・宣伝広告の掲載がない販促品
　・宣伝目的ではない看板
　・会社案内のパンフレットの作成
　・求人広告
　・未配布のチラシ

「販路の開拓」が目的でないものは、認められないということでしょう。

　販路開拓目的のホームページやECサイトを作成する費用、また、インターネット広告費用は、「ウェブサイト関連費」の項目に入ります。補助率は基本的に3分の2ですが、ウェブサイト関連費に関しては総補助事業費の4分の1までと定められているのが難点です。

従業員ゼロでももらえる補助金 —補助金活用で売上アップ— **第2章**

　例えば、「通常枠賃金引上げ特例対象事業者」または「創業枠」では、補助率が原則3分の2、補助金の上限は200万円です。上限の200万円のうち、「ウェブサイト関連費」として100万円を申請しても、50万円までしか認められないことになります。

　ただ、補助金の金額や対象経費は毎年変更されるため、その都度、公募要領などをチェックして下さい。

どうすればもらえる？ —— 入金までの一連の流れ

　最後に、小規模事業者持続化補助金はどうすればもらえるかを説明します。

　補助金は、企業の取組に対する「補助」なので、実際の出費（＝経費）のうち、何割かを補助してもらうことになります。具体的には、補助金申請後に審査を受け、採択されて交付が決定されたら、経営計画書通りに補助の対象となる事業を実施し、実績の報告書を提出することになります。補助金がもらえるのは、実績報告が受理されてからですから、それまでの間は経費の自己負担（立て替え）が必要です。

　詳しい流れは次ページの図をご参照下さい。

補助金の申請から入金までの流れ

補助金申請の流れ

補助金の概要チェック
Ｇビズ ID を取得する
「持続化補助金」の電子申請システムにて申請内容を入力

> 補助対象になるか、一度「持続化補助金」事務局に電話して聞くのも◎

事業実施場所を管轄する商工会または商工会議所に、電子申請システムに入力した申請書一式（経営計画書等）を持参して助言を聞く
事業支援計画書（様式 4）を発行してもらう
補助金申請締切りの 10 日位前が商工会または商工会議所の支援受付締切り。余裕をもって相談すること

「持続化補助金」事務局に申請書一式を電子申請にて申請する

補助金採択(合格)から補助事業完了・受給の流れ

採択発表

見積書取得（原則として発注前の見積書が必要）

「持続化補助金」事務局より交付決定通知が届く

発注

納品・請求・支払の完了

実績報告書作成　配布先リスト　経費支出表
見積書、発注書、請求書、振込明細　成果物 (写真等)

「持続化補助金」事務局より問題があれば修正依頼、
問題がなければ清算払請求の案内が届く

「持続化補助金」事務局より振込がされる
早ければ清算払請求の手続き完了の約 2 週間後に入金

広告宣伝を強力サポート してくれる地方自治体の制度

複数の地方自治体の制度が使える

　次に、広告宣伝を支援してくれる、身近で強力な地方自治体の制度について説明します。

　事業者への補助金・助成金給付は、国のみならず、都道府県・市区町村といった地方自治体でも行われています。
　東京都であれば、東京都という地方自治体に加え、〇区または△市という地方自治体があるので、〇区の事業者は〇区と東京都両方の、そして、△市の事業者は△市と東京都両方の制度を利用できます。

　さらに、「住所地」は1カ所ではありません。個人事業主の場合、自宅とは別に「納税地」を税務署に届出ができます。
　そして、事務所や店舗等が別の地域にある場合、当該地方自治体の納税部門に事業所開設の届出をして、住民税や事業税を払うことができます。

　例えば、「住所地」が東京・千葉・埼玉に3つある場合、各都県に加えて各市区町村、計6つの自治体の助成金・補助金を申請できる可能性があるのです。
　一方、納税額が3倍や6倍になるものでは、決してありません。事業税と住民税所得割は、各地方自治体に公平に分けて支払うものであり、事業所数が一つでも多数でも、同額なのです。

　法人の場合、受給できるのが本店所在地の都道府県と市区町村に限り

51

ません。それ以外の地域に店舗や事務所、工場等があり地方税を支払っている場合、地方税を払っている各地方自治体の補助金・助成金を受けられます。

　本店が神奈川に、支店が静岡にありますと、「住所地」は２つで、４つの地方自治体が対象になります。

　補助金・助成金によっては、支店登記をしていなくても、静岡の県税事務所と市役所とに事業所開設届を出して納税しており事業実態があれば、登記していない支店・事務所や工場等の所在地の都道府県と市区町村から受給できる可能性もあります（法人の場合は登記が要件とされるものもあります）。

　このように４つの地方自治体から補助金・助成金を得ても、地方税納税額が４倍になる訳ではありません。事業税と法人住民税所得割は、各地方自治体に公平に分けて支払うものであり、事業所数が一つでも多数でも、同額なのです。

　ですから、皆様が経営なさっている会社や個人事業の複数の「住所地」の都道府県にて、補助金・助成金を検索して頂きたく思います。

　第１章でもご紹介しましたが、日本全国の約１万件の補助金・助成金の検索システムを読者様に無料で提供しております。ご利用の方は以下をご覧下さい。

【補助金・助成金検索システム】 https://qrtn.jp/d4xkbwr

　では、「住所地」が１カ所しかない事業者様は、その一つの都道府県以外は、検索しても無駄かといえば、そうではありません。たとえ「住所地」が１カ所であっても、その住所のある都道府県とは別の都道府県を設定して検索をかけることに、実は意味があります。

従業員ゼロでももらえる補助金 ―補助金活用で売上アップ― **第2章**

　なぜなら、今後進出する拠点の候補地を選定する選択肢として、補助成金に恵まれている都道府県かどうか、という点を考慮対象にすべきだからです。

　どこの地域に営業拠点を展開しても、地方税はほとんど変わりません。地方税法という国の法律に基づいて、各都道府県が課税を行うからです。そして、前述のとおり、営業拠点が２倍になっても地方税額は２倍になりません。

　それならば、払った地方税がより多く補助成金として返ってくる都道府県で事業を営んだほうが良いですね。

　補助成金が豊富な地方自治体の代表格が「東京都」です。前掲の検索システムにて「東京都」を検索すると、他の都道府県とは比べ物にならないほど多くの制度が出ていることが分かります。

　もっとも、全ての産業や分野において東京都がお得かというと、そうとは限りません。各都道府県で推している産業や政策が異なるからです。例えば、東京都は、農林水産漁業向けの補助成金は弱いです。東京都が一次産業の育成に熱心ではないからと言えます。

　では、皆様の産業・業種や、貴社にて導入したい設備や欲しいサービス・人材等に対して、手厚く補助成金を出している地方自治体はどこでしょうか。

　２拠点目以降をどこに出すかの検討材料の一つとして、前掲の検索システムをご活用いただければと思います。

53

市区町村の制度例

ここで一例として、市区町村の制度をご紹介します。
例えば東京都新宿区では、以下の支援制度があります。

「経営力強化支援事業補助金」

経営力強化に取組む中小企業者や個人事業主を支援する制度で、以下の通り、販売促進や展示会等出展の支援、他にも幅広くサポートしています。

1 経営計画等策定支援
2 補助金申請手続き支援
3 販売促進・業態転換支援
4 インバウンド対応支援
5 人材確保・定着支援
6 ＩＴ・デジタル対応支援
7 設備等購入支援
8 展示会等出展支援

対象
・区内に本店または事業所（営業の本拠）がある法人または個人事業主で、本店と本店登記が同一所在地であること　（バーチャルオフィス、シェアオフィス、レンタルオフィス、コワーキングスペース等は対象外）
・事業税等を滞納していないこと

　新宿区に限らず多くの都道府県また市区町村にて、類似の取組がなされています。前掲ウェブページ経由の検索に加え、地方自治体の産業課等への照会をお勧めします。

コラム ②

補助金活用実践例

　私が経営する小規模法人では、不動産賃貸業界特化型の M&A プラットホームを開発・運営する新規事業の立ち上げの資金に充てるため、システム開発費・広告宣伝費・研修費等 1,000 万円の補助金が採択され、2023 年に 1 年かけて補助事業に取り組み、M&A プラットホームが完成し、集客を開始しました。

　補助率が 75% なので、約 1,333 万円の支出に対して 1,000 万円の補助金で、実質負担額は 333 万円です。M&A 業界は高単価であり、例えば総資産 1 億円の会社の売買成約に対する報酬相場は 300 万〜 500 万円です。そのため、1 案件の成立で実質負担額が、そして 3 件程度の成約で投資総額が回収できることになります。

　1,333 万円の総支出は小規模事業者の私にとって非常に高額ですが、補助金控除後の実質負担 333 万円というのは、無理のない金額です。

　インフレの影響は、私の本業である不動産賃貸業界でも深刻であり、収益不動産を買って事業拡大するのが難しい市況になっています。

　私が展開している不動産賃貸業向けのサービス提供事業も 2023 〜 24 年は苦戦を強いられましたが、事業再構築補助金による新規事業のおかげで再び好調になりつつあります。

クラウドファンディングと補助金を活用した売上アップ法

クラウドファンディングとは

　広告・宣伝の支援として、クラウドファンディングと補助金を活用して、売上向上を図る方法もあります。

　補助金・助成金の大半は行政が企画・実施するものです。得ようと思う事業者は、行政の意図にあった取組を計画する必要があります。

　それに対し、自社のオリジナリティ溢れる取組を支援してもらいたい場合、自らの発案でクラウドファンディングでの寄付を募る方法があります。

　補助金・助成金が行政のテーブルに事業者が乗るのに対し、クラウドファンディングは、資金需要者が主動的に他の民間企業や消費者から資金を募るものであり、性格が対照的です。

　さらにクラウドファンディング経費を補助金で捻出する方法もあります。それぞれについてみていきましょう。

　まず、クラウドファンディングとはなにか、簡単に解説します。クラウドファンディングは、やりたい思いやプロジェクトをもつ起業家が、インターネットを通じて不特定多数の方から少額ずつの資金を募る方法です。目標金額を設定し、共感を得て下さった方々より資金提供を受けます。

　クラウドファンディングには次の３つのメリットがあります。

従業員ゼロでももらえる補助金 ―補助金活用で売上アップ― 第2章

・融資や補助金以外の手段で資金調達が可能
・認知度が高まり易いため、事業開始前にファンや見込み客の集客が可能
・支援者の反応や意見など、直接のニーズを聞くことによりテストマーケティングが可能

　クラウドファンディングを活用する際には、資金調達までの流れは次のようになります。

①プロジェクトを考案し、クラウドファンディングサービスに申請
②審査通過後、プロジェクト内容がサイトに掲載され、資金集めが始まる
③ SNS などで拡散し資金集め
④プロジェクト終了

クラウドファンディング経費の補助金活用

　クラウドファンディング経費の補助金活用の一例として、ここでは「東京都補助事業クラウドファンディング活用助成金」について取り上げてみます。
　クラウドファンディング活用では、サービス会社の利用料が発生します。寄付額のおよそ 20％程度がその利用料です。
　この制度では、その利用料への補助が行われています。

　次ページの図は、東京都補助事業クラウドファンディング活用助成金の申請の流れです。

助成金申請の流れ

助成金の交付申請は、クラウドファンディングでの資金調達(下図のグレー矢印部分)を完了した後に行います。

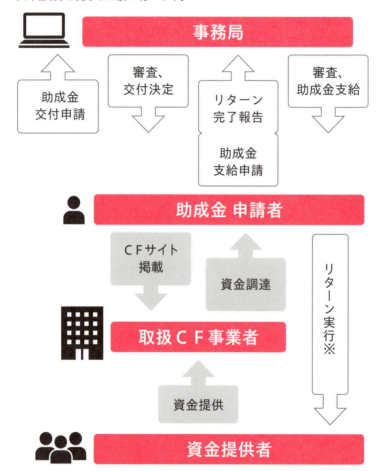

(※)リターン実行は、事務局への交付申請の前でも後でも可。但し、完了報告の前にリターンを完了しておく必要あり。

改装や機械導入も支援する「小規模事業者持続化補助金」

補助上限額が50万円から250万円に増額

「小規模事業者持続化補助金」は販路開拓目的において、改装や機械装置導入でも使えます。

もともと50万円だった補助上限額が、2020年以降200万円や250万円という水準まで増えました。これにより、建物改装・修繕資金や設備投資資金が補助金で賄い易くなりました。

新たな販路開拓のための有益なシステム構築費用や建物改装代金は、大がかりに取り組むと100万円を超えますが、こうした高額な設備投資支出も持続化補助金の対象にできるようになったため、この頃、私は広告宣伝費に加えて設備投資支出でも、持続化補助金を使っています。

設備投資は次のようにお考えの方にお勧めです。

・店舗改装をして集客を上げたい
・新規顧客獲得のために新たな機械設備を導入したい
・新たな販路開拓のために新規店舗を出したい
・客数増加に対応して業務を機械化したい
・販路開拓業務を効率化するためのコンピュータシステムを構築したい

設備投資が具体的に何に使えるかというと、例えば、以下のような経費が対象となります。

- 家族向けの集客力向上のための高齢者向け椅子・ベビーチェア
- 衛生向上や省スペース化のためのショーケース
- 生産販売拡大のための鍋・オーブン・冷凍冷蔵庫
- 新たなサービス提供のための製造・試作機械（特殊印刷プリンター、3D プリンター含む）
- 販路開拓等のための特定業務用ソフトウェア（精度の高い図面提案のための設計用 3 次元 CAD ソフト、販促活動実施に役立てる顧客管理ソフト等。※ただし POS ソフトは業務効率化（生産性向上）の取組内容に記載した場合に限る）
- 自動車等車両のうちブルドーザー、パワーショベルその他の自走式作業用機械設備

　このように従業員がいない事業者でも補助金を様々な用途に使えます。フリーランスや副業など、一人で仕事をされている方々も自信をもって補助金を申請して下さい。それにより利益が上がり、事業規模が拡大することが期待されます。

　そして、いずれは一人では仕事がやり切れなくなることもあるでしょう。この場合には従業員雇用の検討というステージに進みます。従業員を雇用すると、より多くの補助金等が使えるようになります。
　現時点で従業員雇用を考えていない方々も、是非、次章以降を読み進め下さい。

第3章

自分には関係ない
と思ったらもったいない！
雇用は簡単にできる

　人の雇用は自分には関係ない、と思っていませんか？
雇用手続きは思っているよりも簡単で、雇用の利点は非
常に多いものです。第3章では、活用しないともったい
ない「雇用」について解説します。
　2024年11月に緊急経済対策が発表され、翌月、そ
の財源作りのための補正予算案が成立しました。その中
心課題となったのが「賃上げ」です。人を雇用し、さら
に賃上げをすることで、より幅広い補助金・助成金を貰
えるようになります。この雇用で貰える補助金の要とな
る「賃上げ」についても詳しく触れていきます。

雇わないともったいない！
補助金の要は賃上げ支援

副業やフリーランスでも従業員を雇える

　現在お一人で事業している方は、お忙しくないですか？
ご自身の苦手な仕事を、得意な人にやってもらいたいと思いませんか？

　一人で事業を営まれている方や副業の方が、従業員を雇うというと、かなりハードルが高いと思われるかもしれません。
　しかし、従業員といっても、正社員である必要はないばかりか、社会保険・雇用保険に入る必要のない短時間のパート従業員、それも、在宅勤務者でも立派な従業員として扱うことができます。
　雇用していない方はもったいないので是非、検討してみましょう。

従業員を雇い入れ、事業を拡大しよう

　私たち著者も初めは一人で起業しましたが、数年のうちに従業員を雇うようになり、それに伴い会社が急拡大しました。また、補助金・助成金を沢山もらえるようになりました。
　皆様も従業員を有効活用して、雇用を創出して社会の役に立ちながら、補助金・助成金を貰いながら、事業を大きくしませんか。

　雇用は企業や法人でないと行えないものと思われがちですが、そんなことはありません。
　政府が「賃上げ」を至上命題として力を入れるようになり、補助上限額や補助率が引き上げられるとともに、対象経費が広がりました。中小法人のほかに個人事業主も対象であり、自宅仕事のフリーランスや会社

自分には関係ないと思ったらもったいない！ 雇用は簡単にできる 第3章

員の副業であっても従業員を雇えるのです。

　そして、正社員のみならず、短時間のパート・アルバイトや、在宅勤務者も従業員になり得ます。

　ここからは私が従業員を雇い入れて、事業拡大をした事例をご紹介します。

　私は大学院を修了した2007年に、不動産投資会社を立ち上げて一人で事業を続けていましたが、事業規模が大きくなり従業員を雇うことにしました。従業員を雇う前に、いろいろな制度について調べたところ見つけたのが、雇い入れに関する雇用助成金です。

「どうせ従業員を雇うなら、助成金をもらってなるべく会社の純支出を抑えたい」と考え、私が着目したのが「しばらく正規の仕事に就いていない人を正社員として雇い入れることで年間90万円をもらえる」という内容でした。

　そこで「週30時間勤務」を正社員の雇用条件としてハローワークに求人を出したところ、週30時間働きたいという方の応募がありました。結果、年間の給与120万円に対して90万円の助成金がもらえたのです。最低賃金の低い地方だと、会社の実質負担額はほぼゼロで従業員を1年間雇えたのではないでしょうか。

　事業者にとって人件費は大きな負担ですよね。小規模な会社ほど、雇用への不安が大きいですが、雇用助成金を活用すればその負担を大きく軽減させられるのです。

63

小さな事業者が
従業員を雇うメリット

雇った従業員に補助金・助成金申請をしてもらう

　前項で解説したように、小さな事業者にも従業員を雇うメリットはたくさんあります。

　特に補助金や助成金の申請は、事務系の従業員を雇い、手続きをしてもらうのがお勧めです。

　パートさんや在宅勤務の方でもかまいません。最初の申請はハードルが高いと感じるかもしれせんが、事務系従業員を一人雇い入れることによって、その後の補助金・助成金の申請をスムーズに進められるはずです。

　雇用する余裕がなくても、その従業員さんがいることで雇用助成金を得たり、補助金上限額が上がったりという形で、給与を助成金や補助金で実質的にまかなえます。

「賃上げ」でさらにお得にもらえる

　また、従業員の賃金引き上げで、さらにお得にもらえる補助金・助成金があります。

　今、国が最も力を入れている政策はなんでしょうか?

　それは、目下の課題である「賃上げ」と長期的な課題である「少子化対策」です。少子化対策に関してはすぐに解決できる課題ではないため、長期的な取り組みが必要になります。

自分には関係ないと思ったらもったいない！ 雇用は簡単にできる　第3章

　そうなると、即効性が求められるのは「賃上げ」対策です。2024年11月に緊急経済対策が発表され、翌月、その財源作りのための補正予算案が成立しました。その中心課題は「賃上げ」です。

　2025年度予算案でも、賃上げ政策の予算が多く計上されています。このように賃上げは、政府の政策の中心課題となっています。賃上げする事業者は、税制、補助金・助成金、融資、様々な部分で優遇されます。

　政府は、世界的なインフレが続いている現在、「賃金上昇→消費拡大→企業業績の拡大→賃金上昇」という好循環の波に乗せようと必死です。そして、その好循環の波に乗せるためには賃金上昇が不可欠なのです。

　ここ数年、大手企業を中心に賃上げが進み、名目上の賃金は上昇傾向にあります。しかし、日本には400万社以上の企業があり、その99.7％が中小企業と言われています。
　つまり、大企業だけ賃上げを行っても不十分で、中小企業が賃上げできないと日本全体の本格的な賃金上昇はいつまでたっても実現しないということです。

　政府にとって「賃上げ」は至上命題とも言うべき課題になっているのです。
　次ページの図をご覧下さい。これは名目賃金と実質賃金の推移を表しています。

65

出典：厚生労働省「毎月勤労統計調査」の付表より作成

　2022年以降、名目賃金が上がる一方で物価上昇を考慮した実質賃金が下がっていることがわかります。

　しかし、政府が「賃上げしなさい」と声を上げるだけでは、賃上げはなかなか実現しません。そこで「補助金」や「助成金」の出番です。
　独力で賃上げに踏み切る余裕がない中小企業を賃上げに踏み切らせるため、現在は雇用や賃上げに関する補助金・助成金が潤沢に用意されています。

　かつてコロナ禍においては、会社の倒産が相次いでいたため、政府の目線は「雇用拡大」に向いていました。これまでも、不景気下で失業者の増加が問題になる局面では「新たに人を雇う」ことに対する補助金や

助成金が手厚く用意されてきました。

　ところが、2022年10月に新型コロナの水際対策が緩和されて以来、政府の目線は雇用拡大よりも賃上げに向くようになりました。
　政府は賃上げを行う、あるいは行おうとする会社に対して、積極的に支援していこうという考えにシフトしているのです。

従業員数が少ない方が有利！

　このように賃上げを支援する助成金・補助金が用意されるようになりました。そこで本項では、従業員を雇用している事業者だけが貰える助成金について解説します。

　厚生労働省の制度のほとんどは、雇用保険に入っている事業所が対象になります。すなわち、週所定労働時間20時間以上（2026年4月1日からは10時間以上）の常用労働者を雇っている事業所が対象です。

　それに対し、ここで紹介する制度は、雇用保険適用事業所以外の事業場にて申請が可能です。すなわち、週20時間未満（2026年4月1日からは10時間未満）のごく短時間の従業員しかいない事業場でも申請できます。
　ですから、これから徐々に雇用を増やしていきたいという雇用初心者に向いています。

　私がお勧めするのは「中小企業最低賃金引上げ支援対策費補助金（業務改善助成金）」です。この制度では、対象従業員が1名の事業場の場合、最大170万円の受給が可能です。
　一方、対象従業員が10名以上の事業場の場合、最大受給額は600万円です。ですから、副業やフリーランスを含めた、小規模事業者にとって大変お得な制度です。

なお、「業務改善助成金」は、皆様が経営される事業場内で最も時給の安い従業員の時給換算賃金が、政府の定める都道府県別最低賃金よりも 50 円を超えている場合には使えません。

　その場合、似た制度として「働き方改革推進支援助成金」（第 4 章 90 ページ参照）をご検討下さい。また「業務改善助成金」の詳細は第 4 章 74 ページをご参照下さい。

初めて人を雇うには？
雇用手続きから助成金申請まで

初めての雇用手続きと助成金

　人を雇うには、手続きなど必要な準備があります。これは補助金・助成金申請においても非常に重要です。

　ここからは、従業員を未だ雇っていない方々を対象に助成金申請を意識した雇用手続きを説明します。

　初めて雇用する方は、まず始めに何を準備すべきか押さえておきましょう。雇用に必要な手続きについて、次ページの図表で示していますのでご覧下さい。

　人の雇用が無い場合は、「NO」に進み、図の右半分に示す手続きが必要になります。

　各書類は、厚生労働省発行のテンプレートを参考に作成できます。ホームページより検索して下さい。

　従業員を一人でも雇用したら労災保険の適用事業場となり、労災保険の加入は必須になります。パートや日雇いなども雇用形態に関わらず、すべての労働者が対象となります。提出書類は管轄の労働基準監督署にご相談下さい。

　既に何らかの雇用している場合は「YES」に進み、図の左半分を確認して下さい。

69

雇用補助金フローチャート

人の雇用はありますか？（従業員はいますか？）
※外注でなく雇用です。
（月10時間程度の雇用でもok）

 NO → 採用が決まったら
→雇用契約書の作成

 YES

労災保険の届け出は出ていますか？

 NO → 一人でも雇ったら…
→「労災保険」の加入（労働基準監督署で手続き）をしましょう

 YES

事業場内最低賃金は、事業場がある都道府県の最低賃金から50円以内ですか？

週20時間以上、31日以上の人を雇ったら…
→「雇用保険」の加入（ハローワークで手続き）をしましょう

 YES   NO

働き方改革推進支援助成金・業務改善助成金あわせて申請できます

まずは働き方改革推進支援助成金または小規模事業者持続化補助金（従業員数要件を満たす場合）を申請しましょう。

労災保険など届け出は事業場ごとに出します

税金の手続き
・給与支払い事務所の開設届
・源泉所得税納期の特例に関する申請書（10人未満の事業所にお勧め）

自分には関係ないと思ったらもったいない! 雇用は簡単にできる 第3章

雇用の利点と助成金活用

　雇用の手続きは皆様が思っている以上に簡単です。雇用によって労働行政の助成金がもらえるようになり、さらに賃上げが可能となります。

　賃上げによって上限額や補助率が上がる補助金を有利に利用できるのです。

　また、従業員はパートタイマーや在宅勤務者でも構いません。在宅勤務者のみを雇う形にすれば、当面オフィスは不要です。かかるのは給料と若干の労働保険料だけです。

　雇用によって、自分一人だけではできなかった仕事量をこなせるようになり、また、様々な仕事ができるようになります。

　もちろん、労務管理の負担や人に任せることのリスクはありますが、コストやリスクのみならず、それによるリターンも考えてみて下さい。

　現在一人で仕事をされている方は、もっとこなせる仕事が増えればもっと稼げます。仕事を増やすため業務の一部を従業員に担当させることができます。

　また、増えた仕事を従業員に任せられるでしょう。このように、雇用によって事業主の利益が増えて事業をより大きくする可能性があります。

　一人でできる業務には限りがあります。現在一人で仕事されている経営者や副業の方は、無理のない契約内容で、一人、二人の従業員を雇用しませんか。

　特に、賃上げ関係の補助金・助成金の制度の多くが、従業員数の少ない事業者が結果的に得になるように設計されるものです。従業員数が百人より十人、十人より一人のほうが、効果的に補助金を受給できます。

　このことは本章の冒頭でも書きましたが、雇用をすることによるメリットは他にもあります。従業員数が少ない事業者ほど得をする補助金・助成金の仕組みに関心のある方は、是非次章もお読み下さい。

71

本書記載内容の ご質問をお受けします

　読者の皆様からの本書記載内容に関するご質問を著者石渡浩が直接お受けして、回答致します。もちろん無料です。事前登録制でお受け致します。ご登録人数が増えた場合、予告なく登録受付を停止させて頂きます。

事前登録方法

次のURLまたはQRコードから、メルマガにご登録下さい。

https://qrtn.jp/d4xkbwr

ご質問方法

読者様向けメルマガ等、読者様に著者石渡浩が配信するEmailへご返信頂くと、石渡浩に直接メールが届きます。後日、読者様向けメルマガにて、回答致します。但し、違法・違反の疑いがある事項については、著者の判断で回答を差し控えさせて頂きます。

第4章

パートのみでもらえる
助成金・補助金

　第4章では、前章で概要を解説した、パート雇用のみでもらえる助成金・補助金のうち、次の4つをピックアップして紹介いたします。

　初心者であっても取り組み易い「業務改善助成金」、従業員の賃金が高い場合にも使える「働き方改革推進支援助成金」、受給額が最大250万円「小規模事業者持続化補助金」、雇い入れることでもらえる「特定求職者雇用開発助成金」について、詳しく説明していきます。

　「特定求職者雇用開発助成金」以外の助成金・補助金は、雇用保険に加入していない場合でも対象になるためハードルが低く取り組み易いです。

初心者でも取り組み易いお勧め助成金「業務改善助成金」

「業務改善助成金」の基本

　まずは初心者にお勧めの、非常に取り組み易い「業務改善助成金」をご紹介します。

　「業務改善助成金」は、主に中小企業や小規模事業者の「賃金引き上げ」と「生産性の向上」を目的とした助成金です。事業場の最低賃金（事業場内最低賃金）のベースを一定額以上引き上げたうえ、生産性向上を目的とした設備投資等を行えば、その設備投資等の費用の一部を助成金として受け取れます。

　設備投資等と聞くと物々しい雰囲気を感じるかもしれません。しかし、物品を購入する設備投資に加えて、設備投資以外のサービスの購入、コンサルティングの依頼、セミナーの受講など、「生産性の向上のため」であれば、幅広い支出が対象になるので、あまり難しく考える必要はないでしょう。

　私が「業務改善助成金」をお勧めするのは、次の理由があります。

- ・受給するのにそれほど難易度が高くない
- ・助成される金額が比較的大きい
- ・助成率は最低でも４分の３に設定されている［助成率1,000円未満は4/5、1,000円以上は3/4］

「助成率」とは、対象経費のうち、助成金として交付される金額の割合です。たとえば対象経費が100万円、交付される助成金が75万円なら、助成率は75％になります（補助金の場合は「補助率」という）。助成率が90％になる場合もあり、かなりお得な制度です。

雇用保険に加入しなくても申請できる

「業務改善助成金」のおさえるべき大きなポイントは、「雇用保険に加入しなくても申請できる」ということです。

　これ以外の厚生労働省制度に関しては、雇用保険への加入が要件になっているものが大半です。「業務改善助成金」は雇用保険未加入でもいいので受給しやすくなっています。

　従業員が少ない経営者や従業員の労働時間数が少ない事業者にとって、とても有意義な制度と言えるでしょう。

　原則として週20時間以上（2026年4月1日以降は週10時間以上）の雇用契約を結ぶと、雇用保険に入る必要があります。

　週20時間未満の雇用契約の従業員のみの場合、雇用保険適用事業所になれず、厚生労働省の制度の大半が利用できません。その点、業務改善助成金は、週20時間未満（2026年4月1日以降は10時間未満）のパート従業員のみでも申請が可能です。

　もちろん、社会保険に入る必要もありません。ですから、事業者の法定福利費（保険料）をあまりかけずに、「業務改善助成金」を得られます。

申請対象になっているかどうか、まずは確認

　それでは、申請対象になっているかまずは確認してみましょう。要件は以下の通りです。

　　・中小企業・小規模事業者であること
　　・事業場内最低賃金と地域別最低賃金の差額が50円以内であること
　　・解雇、賃金引き下げなどの不交付事由がないこと

「地域の最低賃金」とは、厚生労働省が各都道府県に設置する労働局が毎年9月頃に発表する、文字通り最低賃金を指します。

　次ページの表の「全国の地域別最低賃金」で示す通り、2024年10月時点では東京都が1,163円と最も高く、2番目に神奈川県の1,162円、3番目は大阪府の1,114円と続きます。逆に最も低いのは、秋田県で951円です。

　都道府県によってかなり差がありますから、自分の事業場がある地域の最低賃金をしっかり把握しておきましょう。

パートのみでもらえる助成金・補助金 第4章

全国の地域別最低賃金

	都道府県	最低賃金時間額
1	東京	1,163 円
2	神奈川	1,162 円
3	大阪	1,114 円
4	埼玉	1,078 円
5	愛知	1,077 円
6	千葉	1,076 円
7	京都	1,058 円
8	兵庫	1,052 円
36	山形	955 円
36	福島	955 円
38	大分	954 円
39	青森	953 円
39	長崎	953 円
39	鹿児島	953 円
42	岩手	952 円
42	高知	952 円
42	熊本	952 円
42	宮崎	952 円
42	沖縄	952 円
47	秋田	951 円

出典：厚生労働省（2024 年 10 月時点）

事業場の最低賃金が地域別最低賃金より50円以内の場合、30円以上を上げれば要件を満たすことになります。
　アシスタント的なパートやアルバイトなど短時間労働者を雇っている会社なら、事業内最低賃金と地域別最低賃金が近い水準になっているケースが少なくないはずです。

　逆に、最も安い従業員でも時給が地域別最低賃金を50円超えて設定されている場合には、この助成金が使えません。賃金引上げを目的とした助成金なので、高賃金の従業員ばかりの事業者は、その目的に沿わないのです。

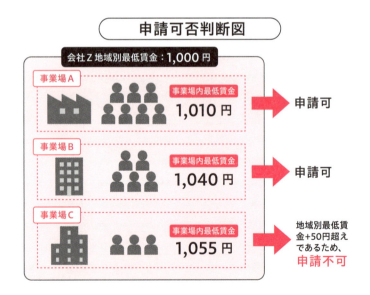

前の図は、申請できる地域別最低賃金と事業場内最低賃金の金額について示しています。

例えば地域別最低賃金が1,000円の県で、事業場の最低賃金が1,010円や1,050円までの場合、申請が可能。工場や事務所など、それぞれの事業場ごとに申請ができます。

そして、この前提をクリアしたうえで、以下の要件を満たせば、業務改善助成金の受給資格を得ます。

・事業場内最低賃金の引上げ
・機械設備導入、コンサルティング、人材育成・教育訓練など

経費対象はパソコン、車やセミナー受講料までも

「業務改善助成金」の経費対象は幅広く、パソコン、車やセミナー受講料までも申請可能です。

私がコンサルティングした顧客の中には、例えば業務効率化のために40万円相当する「MacBook Air M2」（ノートパソコン）の購入費が補助されたケース、17万円相当の「iPad Air」、11万円相当の「iPad mini」、23万円相当の最新の「iPhone 14 pro」も補助金を活用して購入したケースもあります。

それに昨今ではオンライン会議なども当たり前になっていますから、webカメラも必要になります。

こういったパソコンの周辺機器の購入はもちろん、オンライン会議でよく使う「zoom」の有料プランや、年間7.2万円かかる「Adobe Creative Cloud」などにも補助金や助成金は活用できます。「zoom」は無料会員だと40分しかオンライン会議ができませんので、有料プラン

になれば業務効率が改善されます。

　要件を満たせば車も補助の対象になります。
　例えば、「今までレンタカーを借りていたところ、車を導入して業務
効率化を図る」という理由で営業車を購入したケースもあります。
　宿泊事業を行う会社では軽自動車で宿泊客の送迎をしていましたが、
ハイエースにすると往復の回数が減り、月間15時間以上の削減になり
業務効率が向上するということで、430万円相当の送迎用の車の購入を
申請した事例もあります。
　荷物を運ぶのに業務効率化が図れるという理由で軽トラック（120万
円）を購入した方もいます。

　物販事業者などはホームページやEC・通販サイトに商品画像を載せ
るために撮影機材も必要になります。

　一眼レフデジタルカメラの「Nikon Z9」（70万円相当）や、Nikonの
一眼レフデジタルカメラ用レンズ35万円が3本必要となり、それらの
購入費用を補助金・助成金で得た方もいらっしゃいます。
　古いカメラだとデータの移行にUSBメモリなどを用いなければなり
ませんでしたが、最新鋭のカメラだとWi-Fiでデータを転送できて業務
効率が上がるため、助成対象になったケースもあります。

　また、多くの方からニーズがあるのが、セミナー受講料です。受講に
よりノウハウを得て、その結果として労働能率が上がり、より多くの売
上・利益に繋がる可能性があれば、一人数十万円の高額セミナーも助成
対象になります。

　こうした設備投資は業務効率改善により、労働生産性を向上させます。
すなわち、1時間働いてもたらされる利益が、設備投資前に比べて増加
するのです。

従前は性能の悪い機械を使ったり手作業で取り組んでいたりして、利益1万円の業務をするのに10時間かかり1万円の人件費が発生していたとします。

それが5時間に短縮できれば人件費は5,000円になり、利益が1万5,000円に増加します。余った5時間で同じ業務をすれば、さらに1万5,000円の利益を得られます。

1時間当たりに換算すると、従前は1,000円の利益だったのに対し、設備投資後は3,000円になり、まさに労働生産性が向上しています。

何をすればもらえるのか

74ページにて述べたように、「業務改善助成金」の受給では、賃上げが必須です。この項では改めて、「賃金引上げ」要件について解説します。よりお得にもらえる利用法もお伝えします。

「事業場内最低賃金」とは、文字通り、会社の各事業場で最も低い時間当たり賃金、いわゆる時給のこと。月給制の従業員であれば月給を時給に換算して一番安いランクと考えて下さい。

次ページの図で示した事業場内の従業員の各時給を例に説明します。従業員全員の給与が最低賃金である必要はありませんが、事業場内の少なくとも一人の給与が、最低賃金に当てはまる必要があります。

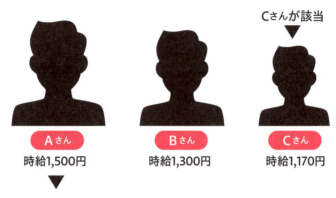

最低賃金から50円以内の人が事業場に1人いれば対象。
東京都最低賃金1,163円から50円以内であるCさんが一人いるので申請可能。

　賃金引き上げに際しては、就業規則などの規定を変えたり規定を新設したりする他、実際に対象の労働者へ引き上げ後の賃金の支払いを求められます。

　ただし、この賃上げの対象となる従業員は、少なくとも雇い入れてから6カ月が経過している必要があります。つまり、雇い入れたばかりの従業員の賃金を上げても、この助成金をもらうための要件には当てはまりません。
「事業場内最低賃金」は、この助成金の要なので、きちんと把握しておきましょう。

パートのみでもらえる助成金・補助金 **第4章**

お得な利用法

　経営者の皆様は、賃金引上げのタイミングを決めることができますが、そのタイミングによっては、かなりお得に業務改善助成金を利用できます。

　毎年10月頃に最低賃金が引き上げられることを踏まえ、最低賃金引上げ前に「業務改善助成金」を申請して賃上げすれば、一般にこの助成金をお得に利用できます。

　引上げの1カ月以上前に、新たな地域別最低賃金が公表されるので、その間に、助成金申請をする方法です。

　例えば、地域別最低賃金と事業場内最低賃金が1,000円で、10月1日に地域別最低賃金が1,030円に引き上げ予定というケースを考えましょう。

　事業場内最低賃金を9月30日に1,000円から1,030円に引き上げる計画で9月29日までに助成金申請・受理されれば、30円の引上げで助成金対象になります。

　10月1日には、地域別最低賃金と事業場内最低賃金がともに1,030円です。「業務改善助成金」は各事業場にて年度内に1回まで使えるので、その後の賃上げで再度助成金を受けることも可能です。

　一方、10月1日以降に初めて申請するとなると、事業場内最低賃金を新たな地域別最低賃金1,030円まで引き上げることが必須です。その上で、30円以上の引上げをしないと、「業務改善助成金」の申請要件を満たしません。

　そのため、1,060円以上への引上げが必要になります。ここで「60円コース」を申請すると事業場内最低賃金が1,090円となり、地域別最

83

低賃金 1,030 円よりも 60 円高くなるので、翌年に地域別最低賃金が引き上がるまでは、再利用ができなくなります。

　私の会社の賃上げも毎年 9 月 30 日頃行っています。「業務改善助成金」は 9 月に申請する方向で、検討や準備をされることをお勧めします。
　尚、2025 年度、業務改善助成金の拡充においては「夏秋における賃上げ、募集時期の重点化」「特定時期の追加募集枠の設置」が予定されています。

実際にもらえるのはいくら？

　では実際にいくらの助成金がもらえるのでしょうか。事例でみていきましょう。

　まず、「業務改善助成金」では、対象となる従業員の賃金をいくら引き上げたかによって、もらえる助成金の上限金額が変わってきます。詳しくは次ページを参考にして下さい。

パートのみでもらえる助成金・補助金 **第4章**

業務改善助成金の上限額について

コース区分	事業場内最低賃金の引上げ額	引き上げる労働者数	助成上限額	
			事業場規模30人以上の事業者	事業場規模30人未満の事業者
30円コース	30円以上	1人	30万円	60万円
		2～3人	50万円	90万円
		4～6人	70万円	100万円
		7人以上	100万円	120万円
		10人以上※	120万円	130万円
45円コース	45円以上	1人	45万円	80万円
		2～3人	70万円	110万円
		4～6人	100万円	140万円
		7人以上	150万円	160万円
		10人以上※	180万円	180万円
60円コース	60円以上	1人	60万円	110万円
		2～3人	90万円	160万円
		4～6人	150万円	190万円
		7人以上	230万円	230万円
		10人以上※	300万円	300万円
90円コース	90円以上	1人	90万円	170万円
		2～3人	150万円	240万円
		4～6人	270万円	290万円
		7人以上	450万円	450万円
		10人以上※	600万円	600万円

※10人以上の上限額区分は＜特例事業者＞が対象

事例①

従業員が 30 人未満の事業場で、事業場内最低賃金を 30 円引き上げ、実際に対象従業員 1 人の賃金を 30 円引き上げることで、助成上限額が 60 万円になります。

事例②

従業員が 30 人未満の事業場で、事業場内最低賃金を 60 円引き上げ、実際に対象従業員 2 人の賃金を 60 円引き上げることで、助成上限額が 160 万円になります。

　注意したいのは、あくまで助成金の「上限額」という点です。後述する助成率から計算した助成金額よりも上限額が低い場合、実際に支払われる助成金が少なくなる可能性があるということです。

「業務改善助成金」を正しく理解するために、「定額制」と「定率制」について解説します。

　そもそも助成金や補助金には、「定額制」と「定率制」があります。「定額性」は、要件に当てはまれば「○○万円がもらえる」と具体的な金額が定められているもの。一方、「対象経費に対する 75％」など、対象支出に対して、率を乗じた額が助成されるのが「定率制」です。

「業務改善助成金」は、生産性を向上させる目的で投じた支出の一定割合が助成される「定率」の助成金で、その率は 75％ 以上です。

　助成率を決めるのは、経営者の皆様が定めた既存の「事業場内最低賃金」です。事業場内の最低賃金（時給換算）が「1,000 円未満」の場合、助成率は 80％です。例えば、100 万円の支出に対して 80 万円が助成される計算です。

そして、事業場内最低賃金が「1,000円以上」の場合は助成率は75%です。なお、2024年度まであった、過去と比べた生産性上昇による割増制度は、2025年度から廃止されました。

このように、最低賃金が低い事業場ほど助成率が上がるわけです。事業場の最低賃金は厚生労働省が決めた地域別最低賃金との関連性が深いので、大雑把にいえば、地方の最低賃金の安い地域の事業場において助成率が高くなると言えましょう。

「業務改善助成金」は定率制のため、設備投資等の支出額のうちの一定割合をかけた額が助成される形になります。

また、事業場内最低賃金の引き上げた額と適用人数によって助成上限額もあるので、設備投資等の支出額の満額が助成されるわけではない点には注意して下さい。

では具体的に、次の条件のケースで考えてみます。

> 従業員：1人
> 地域の最低賃金：949円
> 事業場内最低賃金：949円→979円に引上げ（対象従業員は1人）

一人の従業員が1日7時間・月15日勤務とすると、1カ月あたりの賃上げ額は3,150円です。

それに対し、助成上限額は60万円です。この会社がいくら設備投資等を行うといくら助成されていくら自己負担となるのか、数値例をみてみましょう。

ケースA（上限額まで利用しないケース）

設備投資等は合計で50万円

・助成上限額は60万円
・助成率は80％のため、50万円の設備投資等のうち40万円が助成
・40万円が交付され、会社が負担する実費は10万円

ケースB（上限額超過のケース）

設備投資は合計で100万円

・助成上限額は60万円
・助成率は80％ですが、100万円の設備投資のうち80万円が助成ではなく、助成上限額が60万円のため、60万円が交付され、会社が負担する実費は40万円

注意しておくべき点

　助成金を受けるには、次のような注意するべき点もあります。交付対象外にならないようしっかり把握しておきましょう。

　会社の最低賃金が地域別最低賃金より安かった場合、「最低賃金法」に違反していることになるので、この場合は当然、助成金は交付されません。
　それだけでなく、違反が明らかになった場合には対象の労働者に差額分を支払わなければならないのはもちろん、罰金に処せられる場合があります。

また、賃金の引き上げを行ってから、「対象従業員の解雇」や「対象従業員の賃金引き下げ」、「事業者が他の労働関係の法律に違反」などが明らかになった場合は、この助成金の「不交付要件」に該当するため、助成金交付の対象にはなりません。

　例えば、助成金を得るために一時的に賃金を下げた上で、時給を30円上げたり、また、事業場内最低賃金を上げたにも関わらず助成金受給後に下げたり、といった場合にはルール違反となり、助成金は不支給となり、支給済みの助成金は返金しなければいけないのです。

　他の補助金や助成金でも同じような「不交付要件」が定められているので、各補助金・助成金の申請マニュアルなどに目を通しましょう。

　もう一つ注意点を挙げると、「業務改善助成金」は従業員の賃金の引き上げを目的とした制度であるため、従業員がいない、つまり役員だけしかいない会社では、助成を受けられません。

従業員の賃金が高い場合でも使える「働き方改革推進支援助成金」

「働き方改革推進支援助成金」の概要と申請要件

　従業員の賃金が高い場合には「働き方改革推進支援助成金」が使えます。この制度も雇用保険適用に関わらず利用可能です。特に従業員数の少ない事業者が得な仕組みになっています。

「働き方改革推進支援助成金」の概要、また申請要件は次の通りです。

「働き方改革推進支援助成金」

・概要
　労働時間の短縮や年次有給休暇の促進に向けた環境整備等の取り組みを実施した場合、その費用の一部が助成されます。

・要件
　(1) 労働者災害補償保険の適用事業主であること
　(2) 交付申請時点で、「成果目標」1から3の設定に向けた条件を満たしていること
　(3) 全ての対象事業場において、交付申請時点で、年5日の年次有給休暇の取得に向けて就業規則等を整備していること

この助成金は業務改善助成金とは違い、事業場内最低賃金と地域別最低賃金50円以内の要件に該当する必要はありません。

働き方改革推進支援助成金では4つのコースがありますが、本書では従業員の労働時間の短縮や休暇に焦点を合わせた「労働時間短縮・年休促進支援コース」についてご紹介します。

「労働時間短縮・年休促進支援コース」は、取り組みの実施に要した経費の一部を、成果目標の達成状況に応じて支給します。

成果目標として、次の3つのうちいずれかに取り組むことが要件です。

成果目標①

全ての対象事業場において、有効な36協定について、時間外・休日労働時間数を縮減し、月60時間以下、又は月60時間を超え月80時間以下に上限を設定し、所轄労働基準監督署長に届け出を行うこと。

成果目標②

全ての対象事業場において、年次有給休暇の計画的付与の規定を新たに導入すること。

成果目標③

全ての対象事業場において、時間単位の年次有給休暇の規定を新たに導入し、かつ、特別休暇（病気休暇、教育訓練休暇、ボランティア休暇、新型コロナウイルス感染症対応のための休暇、不妊治療のための休暇、時間単位の特別休暇）の規定をいずれか1つ以上を新たに導入すること。

これらの成果目標に加えて、対象事業場で指定する労働者の時間当たりの賃金額の引上げを3％以上行うことが成果目標に加えられます。

いくらもらえるか

　それではいくらもらえるか、働き方改革推進支援助成金（労働時間短縮・年休促進支援コース）の支給額について説明します。従業員数が少ない事業者ほど得な仕組みになっています。

　まず、以下のいずれか低い方の額と定められています。

（1）成果目標①から③の上限額および賃金加算額の合計額
（2）対象経費の合計額×補助率 3/4（※）
※常時使用する労働者数が 30 人以下かつ、支給対象の取組で 94 ページ記載の⑥から⑨を実施する場合で、その所要額が 30 万円を超える場合の補助率は 4/5

　成果目標ごとの上限額は概ね次のようになっています。

・成果目標①の上限額……150 万円
　現に有効な 36 協定において時間外労働時間数等を月 80 時間以上設定している事業場が、時間外労働時間数等を月 60 時間以下に設定した場合
・成果目標②の上限額……25 万円
・成果目標③の上限額……25 万円

　加えて、常時使用する労働者数が 30 名以下の中小企業事業主が賃金を引き上げた場合、次の表の金額が上記上限額に加算されます。

パートのみでもらえる助成金・補助金　第4章

成果目標に賃金の引上げを加えた場合の加算額

引き上げ人数	1〜3人	4〜6人	7〜10人	11人〜30人
3%以上引き上げ	12万円	24万円	40万円	1人当たり4万円
5%以上引き上げ	48万円	96万円	160万円	1人当たり16万円
7%以上引き上げ	72万円	144万円	240万円	1人当たり24万円

　例えば、従業員1人の事業者が3つの目標すべてに取り組んだ場合、助成上限額は200万円です。賃金を5%以上引き上げた場合の助成上限額が248万円です。

　労働能率の増進に資する設備・機器等の導入・更新（例えば、小売業のPOS装置、自動車修理業の自動車リフト、運送業の洗車機など、業種業態により様々なものが対象になります）で310万円使うとします。補助率が80%なので248万円がもらえる計算です。

　ここで、この成果目標取り組みの経費を考えてみましょう。成果目標①②③いずれも労働時間短縮等の働き方改革に取り組むものであり、事業者の経費を増やすものではありません。
　むしろ、労働時間短縮により時間外労働手当が減り、給与支払総額を少なくする効果をもちます。

93

もちろん、賃上げに取り組んだ場合には、賃金上昇分の人件費負担増はあります。しかし、従業員が僅少の事業者においては、年間人件費負担増額よりも高額な助成金加算を得られるのではないでしょうか。

　また、賃上げは必須ではありません。賃上げしなくても 200 万円まで助成されますので、対象経費が 250 万円以内ならば賃上げをしなくても助成額は同じです。

　では、助成対象の対象経費はどのようなものでしょうか。次項で解説します。

何に使えるか

　次に何に使えるかをみていきましょう。このコースでは、労働時間短縮に繋がる様々な経費が対象になり、次の 9 つに分類されます。

①労務管理担当者に対する研修
②労働者に対する研修、周知・啓発
③外部専門家（社会保険労務士、中小企業診断士など）によるコンサルティング
④就業規則・労使協定等の作成・変更
⑤人材確保に向けた取組（求人広告を出す、求人ページの作成など）
⑥労務管理用ソフトウェアの導入・更新
⑦労務管理用機器の導入・更新
⑧デジタル式運行記録計（デジタコ）の導入・更新
⑨労働能率の増進に資する設備・機器等の導入・更新（小売業のＰＯＳ装置、自動車修理業の自動車リフト、運送業の洗車機など）

　このように、対象経費は「業務改善助成金」に似ています。すなわち業務能率改善のための設備投資や受講料が対象になります。

　加えて、働き方改革を実現するための就業規則作成・変更費用や、新

規雇用のための求人広告代といった「業務改善助成金」では対象にならない経費も対象になります。

　また、車両購入費について「業務改善助成金」では、インフレの影響で利益率が下がった事業者のみが申請可能ですが、「働き方改革推進助成金」では、そうした制約はなく、利益率が上がっていても申請可能です。

　以上に述べた通り、原則的な補助上限額が事業規模や従業員数に関わらず定額であることから、従業員数の少ない事業者にとって得な制度になっています。

　なお、本制度は、フルタイムの従業員を雇用していることが条件とはされていませんが、取組前に時間外・休日労働の実績が無かったりして、時間外労働の削減その他労働時間等の設定の改善の成果が期待できないと判断された場合には、交付決定されない可能性がありますので、ご留意ください。

受給額が最大 250 万円「小規模事業者持続化補助金」

「小規模事業者持続化補助金」の賃上げ特例

　第 2 章で紹介した「小規模持続化補助金」の「一般型 通常枠」は、原則として補助上限額が 50 万円です。しかし、賃金引上げ特例の要件を満たせば補助上限額が 200 万円に拡大されます。

　賃上げには、従業員のいることが必須となりますが、その従業員は短時間勤務のパートでもかまいません。社会保険・雇用保険に入っている必要はありません。

　補助率は基本的に 3 分の 2 ですが、直近の 1 年間（1 期）が赤字の会社だと、補助率は 4 分の 3 に上がります。
　また、消費税の免税事業者が課税事業者としてインボイス登録する場合には補助金上限額が別枠で 50 万円上がり、合計した上限額が 250 万円になります。

賃上げ特例の活用法

　私は、賃金引上げ特例を活用しています。50 万円と 200 万円の差は大きいです。差額 150 万円がもらえるかどうかは賃上げが要件ですが、賃上げのコストはさほどかかりません。

　例えば、時給 1,000 円のパート従業員の時給を 1,050 円に引き上げると、引上げ率は 5% です。
　仮に年収 100 万円の従業員を 1 人雇っている事業者では、増加額の

負担割合は年間5万円に過ぎません。何人も雇って年間1,000万円払っているとしても、その5%は年間50万円です。

前段で述べた補助金増加額150万円は、賃金増加額の3年分に相当します。年間給与支払総額が100万円の事業者で増加額が年間5万円の場合には、賃金増加額の30年分の補助金がもらえる計算です。

「賃金引上げ特例」の条件は、事業場の最低賃金を、交付決定後補助事業終了までの期間中に50円以上引き上げることです。

賃金引き上げの適切な時期

小規模事業者持続化補助金の場合、交付決定日以降に賃金を引き上げる

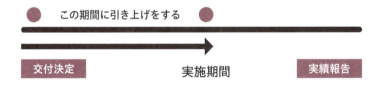

上図は賃金引上げの適切な時期を表しています。

事業場の最低賃金が1,000円、地域別最低賃金が同じ1,000円であれば、1,050円以上に賃上げをする必要があります。事業場の最低賃金が1,000円、地域別最低賃金が900円の場合にも、事業場の最低賃金を1,050円以上に引き上げる必要があります。

一方、事業場の最低賃金が1,000円で地域別最低賃金が951円の場合（差額が1円以上49円以内の場合）、事業場の最低賃金を、地域別最低賃金である951円に50円を足した、1,001円以上に引き上げれば

済みます。

　なお、事業場の最低賃金が 1,050 円以上で、地域別最低賃金 1,000 円というように事業場内最低賃金が地域別最低賃金よりも 50 円以上既に高くなっている場合は、補助事業期間中に事業場内最低賃金を従前よりも 50 円以上引き上げることで、要件を満たします。

　従業員数が 1 人でも 5 人でも補助上限額は一定です。そして所定人数を超える従業員を雇っている事業者は本制度が利用できず、得られる補助金額はゼロになります。ゆえに従業員数の少ない小規模事業者ほどお得な仕組みになっています。

雇い入れでもらえる
「特定求職者雇用開発助成金」

高齢者を効果的に活用

　雇い入れることでもらえるのが「特定求職者雇用開発助成金」です。この助成金は、高齢者などをハローワーク等の紹介により、継続して雇用する労働者として雇い入れる事業主を支援する制度です。その活用方法について解説します。

　人手不足の現在、求人を出して応募があるのは中高年齢者、特に、60歳以上の方が中心になっています。多くの会社が60～65歳に定年を設定しているため、定年退職後に転職先を求める応募者が多いからです。

　定年退職前はかなり高い給与収入を得てそれなりの仕事をしていた方が、それまでのキャリアを少しでも活かせる仕事を求めて仕事探しをします。

　一方、世間の求人にて60歳代以上の受け入れに積極的な職種の代表格は、清掃員、警備員とマンション管理員です。ホワイトカラーの高齢者向け求人は非常に少ないのが現状です。

　そこで、ホワイトカラーの求人を「60歳以上歓迎」で出すと、最低賃金レベルであっても、優秀な人材が集まり易い状況にあります。

　実際、私が雇った60歳以上の従業員の一人は、一流大学を卒業した財閥系大手企業出身の、元会社役員（雇われ社長）経験者です。10年近く私を支えてくれています。

　そして、60歳以上の無職の方をハローワークや職業紹介事業者の紹

介で雇い一定期間経過すると、雇い入れの助成金が支給されます。

　現在の制度では、65歳の従業員を週30時間以上の契約で1年間雇用した場合の助成金は原則60万円ですが、その従業員の業務が所定の成長分野の場合、1年後に受給できる助成金額は90万円になります。

　最低賃金の低い地域では、初年度給与支払額の大半が助成金で還元されます。
　また、所定労働時間が週20時間以上30時間未満の従業員の雇い入れにも、この助成金は使えます。

　このように、「特定求職者雇用開発助成金」では、60歳以上の優秀な従業員を半ば公費で雇うことができ、経営者にとっては大きな意味があります。

雇い入れの要件・支給額

「特定求職者雇用開発助成金」は、雇い入れの要件として次のいずれも満たす必要があります。また5つのコースに分かれ、雇用する対象者によって支給される条件や金額は変わります。
　支給される条件には、以下のものがあります。

(1) ハローワークまたは民間の職業紹介事業者等の紹介により雇い入れること
(2) 雇用保険一般被保険者又は高年齢被保険者として雇い入れ、継続して雇用すること等

　ここでは2つのコースに焦点をあて、支給額等について次ページの表にまとめました。

パートのみでもらえる助成金・補助金 第4章

2つのコース別支給額表

対象労働者			支給額	助成対象期間	支給対象期ごとの支給額
特定就職困難者コース	短時間労働者以外の者	高年齢者（60歳以上）母子家庭の母等	60万円	1年	30万円×2期
成長分野等人材確保・育成コース		高年齢者（60歳以上）母子家庭の母等 就職氷河期世代の者 生活保護受給者等　等	90万円	1年	45万円×2期
特定就職困難者コース	短時間労働者	高年齢者（60歳以上）母子家庭の母等	40万円	1年	20万円×2期
成長分野等人材確保・育成コース		高年齢者（60歳以上）母子家庭の母等 生活保護受給者等　等	60万円	1年	30万円×2期

101

前ページの表にある「短時間労働者」とは、週所定労働時間20時間以上30時間未満の従業員を指します。また「短時間労働者以外の者」とは週所定労働時間30時間以上の従業員を指します。雇用保険加入が必須となりますが、パート従業員でも対象になります。

次に「特定就職困難者コース」と「成長分野等人材確保・育成コース」についてより詳しく説明します。

「特定就職困難者コース」は、所定の要件を満たす60歳以上の求職者を雇用する場合に広く対象になります。
「特定就職困難者コース」の助成額の1.5倍助成されるのが、「成長分野等人材確保・育成コース」です。
このコースは2つのメニューに分かれます。1つ目は「成長分野」、2つ目は「人材育成」です。

前者は所定の成長分野等の業務に従事させる従業員を雇用した場合に適用されるメニューです。後者は就労の経験のない職業に就きたいと希望する求職者を雇用し、所定条件を満たす人材育成と賃上げを実施した場合に適用されるメニューです。

「成長分野等人材確保・育成コース」の対象範囲はかなり広く、ちょっとした工夫で助成額を1.5倍に増やせます。これにより、賃金水準次第では初年度支払賃金の多くを助成金でカバーできます。

例えば、週所定労働時間20時間の従業員を月給8万円で雇ったとします。年間支払総額は96万円です。それに対し、「成長分野等人材確保・育成コース」の支給額は原則として60万円です。つまり初年度実質負担額36万円で雇用できる計算です。

高齢者の雇い入れに伴う助成期間は、原則として1年間ですが、1年

経過後は第5章で紹介する「キャリアアップ助成金」等、他の雇用助成金の併給も可能です。

　実際私の会社では、特定求職者雇用開発助成金対象の従業員に、その後も様々な雇用助成金を適用し、2年目以降も賃金支払い額の多くを助成金でカバーしています。

　このように助成金が出るので積極的な雇用ができます。雇用により経営者の仕事が楽になる上、各従業員が稼いでくれますので売り上げが上がります。さらに雇用助成金も得られます。

　そもそも「特定求職者雇用開発助成金特定就職困難者コース」はその名の通り、就職困難な求職者を支援するための制度ですが、現在の好景気な状況では求人募集をかけると、応募者の中心は高齢者になりがちです。

　その高齢者の中から優秀で経営者との相性が合いそうな方を採用すれば、私たち経営者は国策の実現に貢献ができます。高齢化社会に資する事業者となって助成金を得るのは、自社のみならず社会全体にとって良いことといえるでしょう。

本書記載内容のご質問をお受けします

　読者の皆様からの本書記載内容に関するご質問を著者石渡浩が直接お受けして、回答致します。もちろん無料です。事前登録制でお受け致します。ご登録人数が増えた場合、予告なく登録受付を停止させて頂きます。

事前登録方法

次のURLまたはQRコードから、メルマガにご登録下さい。

https://qrtn.jp/d4xkbwr

ご質問方法

読者様向けメルマガ等、読者様に著者石渡浩が配信するEmailへご返信頂くと、石渡浩に直接メールが届きます。後日、読者様向けメルマガにて、回答致します。但し、違法・違反の疑いがある事項については、著者の判断で回答を差し控えさせて頂きます。

第5章

従業員の育成や処遇改善でもらえる助成金と新設補助金

　前章では雇用保険に入っていない短時間のパート従業員を雇用する事業所や企業でも申請可能な「業務改善助成金」「働き方改革推進支援助成金」「小規模事業者持続化補助金」等について紹介しました。

　第5章では、従業員の育成や処遇改善に取り組む事業者向けの制度について解説します。こちらもパート従業員のみの雇用で受給できる助成金ですが、週20時間以上の雇用契約を伴う雇用保険被保険者の在職している雇用保険適用事業所が申請可能な制度である点が第4章で扱った3つの制度との違いです。

　加えて、賃上げが必須条件の一つである中小企業庁の大型補助金についても紹介します。

優秀な人材に長くいてもらうためには「キャリアアップ助成金」

「キャリアアップ助成金」の概要

　法人にせよ個人事業にせよ、会社を発展させるためには、優秀な人材に長く従事してもらう必要があります。パートで雇用した従業員の賃金を上げたり従業員を正社員に転換したりする場合「キャリアアップ助成金」が活用できます。

　この助成金は、勤務時間の短いパート・アルバイトや、契約期間が決まっている有期契約社員・派遣社員など、いわゆる「非正規雇用労働者」のキャリアアップを支援するための制度です。
　非正規労働者を正社員にしたり、非正規労働者に対して賃金を上げたり、賞与を支給したり、社会保険に入れたり、といった制度を新たに作って実際に運用することで受給できます。

　なお「キャリアアップ助成金」は、条件を満たしさえすれば、決まった金額がもらえる「定額制」です。

どうすればもらえるか

　この「キャリアアップ助成金」に取組むにあたり、おさえるべきポイントをご紹介します。

　まず、「キャリアアップ助成金」は、中小企業・小規模事業者を対象とするものです。
　この他に以下の要件を満たす必要があります。

従業員の育成や処遇改善でもらえる助成金と新設補助金　第5章

要件① 雇用保険に加入している事業所であること

　キャリアアップ助成金をもらえるのは、「雇用保険に加入している事業所」に限ります。第4章74ページの「業務改善助成金」は、雇用保険の加入は不要であるため、ここが業務改善助成金とは大きく異なる点です。

　雇用保険に加入すると、事業者は雇用保険料と勤務時間が延びることによる賃金増加の負担が増えますから、この点を踏まえながらキャリアアップ助成金の活用を考える必要があります。

　従業員を雇用すると必須なのが労災保険です。週20時間以上の契約の従業員を雇用すると、原則的に雇用保険にも加えて入る必要があり、労災保険＋雇用保険の保険料がかかります。

　雇用保険適用事業所であることが、キャリアアップ助成金申請の前提として必要な要件の一つです。

要件② キャリアアップ計画書を提出

　他の要件として、「キャリアアップ計画書」を作成して管轄労働局に提出する必要があります。

　何やら面倒そうだと思われるかもしれませんが、「キャリアアップ計画書」は厚生労働省のホームページに書類のフォーマットや記入例などが用意されていますし、1～2枚程度の簡単な書類なのでそこまで手間がかかるものではありません。

　また、事業所ごとに「キャリアアップ管理者」を置くことも要件として求められています。特に必要となる資格などはないため、従業員の一人を責任者として指名するだけで構いませんし、役員が「キャリアアップ管理者」になることもできます。ただし、複数事業所の「キャリアアップ管理者」兼務は認められませんので、ご注意下さい。

その他、申請には「キャリアアップ助成金支給申請書」や対象となる労働者の詳細、就業規則の写しなどの提出が必要になります。

とはいえ、大半の書類は厚生労働省のホームページから書式や記載例をダウンロードできるので、記入例を参考にしつつ、一つひとつの書類をきちんと用意すれば、問題なく助成金を受け取れるでしょう。

ポータルサイトからの電子申請も可能です。

小さい会社・フリーランスがもらい易いコース

キャリアアップ助成金は「正社員化コース」をはじめ、全部で6コースに分けられています。2025年度予算案ベースの一覧表を110ページに転載します。

中には「賃金規程等共通化コース」という、正社員がいないと申請できないコースも存在します。

ここでは、小規模事業者やフリーランスの皆様にとってのもらい易さや実現性を踏まえて、以下の3コースについて取り上げます。これらコースは、パート従業員のみを雇用する事業者でも取り組める制度です。

【正社員化コース】

「正社員化コース」は、非正規雇用の労働者を「正社員にする」ことで助成金がもらえるコースです。助成額は、働く期間が定められた有期雇用の労働者であればパートタイム・フルタイム問わず、転換一人当たり80万円（一部40万円）です。

通常の正社員のみならず短時間正社員も対象なので、現状パートのみ雇用の事業所でも使えます。

具体的にキャリアアップ助成金を活用して正社員化する場合を、次ページの図で示します。対象となる労働者は、転換日の6カ月以前か

ら非正規雇用として雇い入れていて、正社員にした後の賃金を 3% 以上増額する必要があります。この「3% 以上の賃上げ」には、住宅手当などの諸手当や歩合給、また、時間外・休日手当などは該当しません。

転換後 6 カ月間雇用し続けることで申請ができ、6 カ月経過後に 40 万円、1 年経過後に 40 万円、計 80 万円（一部 40 万円）もらえます。

キャリアアップ助成金を活用して正社員化する場合

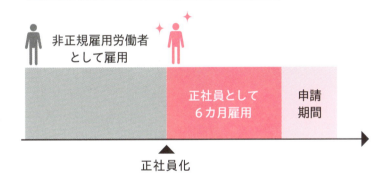

さらに、各事業所で初めての正社員転換では、プラス 20 万円がもらえます。つまり、1 人目が 80 万円（一部 40 万円）＋ 20 万円＝ 100 万円で、同じ事業所にて 2 人目以降が一人につき 80 万円（一部 40 万円）です。同じ会社や個人事業主でも事業所が異なれば、事業所ごとにプラス 20 万円はもらえます。

非正規の従業員を正社員にするのは、ややハードルが高いと感じる経営者の方は多いかもしれません。賞与・退職金といった待遇の改善に加え、勤務時間が長くなることに伴う賃金と保険料の増加により会社側の負担が増えるのも事実です。

キャリアアップ助成金　コース別支給額等

コース名／コース内容

正社員化支援

正社員化コース

有期雇用労働者等を正社員転換（※）

※多様な正社員（勤務地限定・職務限定・短時間正社員）を含む

正社員転換後6カ月間の賃金が正社員転換前6カ月間の賃金と比較して3%以上増額していることが必要

支給額（1人当たり）

	【重点支援対象者※】	【左記以外】
有期→正規：	80万円	40万円
無期→正規：	40万円	20万円

※　a：雇入れから3年以上の有期雇用労働者

　　b：雇入れから3年未満で、次の①②いずれにも該当する有期雇用労働者
　　　①過去5年間に正規雇用労働者であった期間が1年以下
　　　②過去1年間に正規雇用労働者として雇用されていない

　　c：派遣労働者、母子家庭の母等、人材開発支援助成金の特定訓練修了者

新規学卒者で雇入れから一定期間経過していない者については支給対象外

有期雇用期間が通算5年超の者は無期雇用労働者とみなして適用

上限人数：20人

加算措置等／加算額

正社員化コース

■通常の正社員転換制度を新たに規定し転換

<u>1事業所当たり</u>　**20万円**

■勤務地限定・職務限定・短時間正社員制度を新たに規定し転換

<u>1事業所当たり</u>　**40万円**

従業員の育成や処遇改善でもらえる助成金と新設補助金　第5章

コース名／コース内容	**処遇改善支援** **賃金規定等改定コース** 有期雇用労働者等の基本給を定める賃金規定を3％以上増額改定し、その規定を適用	年収の壁・支援強化パッケージ **社会保険適用時処遇改善コース** 短時間労働者を新たに社会保険に適用した際に、手当等の支給、賃上げ、労働時間の延長等を実施 ※手当等の支給は、労働者の社会保険料相当額以上等 ※労働時間の延長は、週当たり4時間以上等
支給額（1人当たり）	①3％以上4％未満：4万円 ②4％以上5％未満：5万円 ③5％以上6％未満：6.5万円 ④6％以上：7万円 上限人数：100人	（1）手当等支給メニュー **50万円** （2）労働時間延長メニュー **30万円** ※1　1〜3年目までの各要件を全て満たした場合の3年間の合計額 ※2　1年目に手当等支給、2年目に労働時間延長を実施する場合の2年間の合計額は50万円
加算措置等／加算額	**賃金規定等改定コース** ■「職務評価」の活用により実施 1事業所当たり　**20万円** ■昇給制度を新たに設けた場合 1事業所当たり　**20万円**	※加算措置要件を満たした場合は、支給額＋加算額を助成。

111

そこで注目したいのが、「短時間正社員」制度です。この制度は、フルタイムで勤務できない人の待遇改善を目的に整備されました。「短時間正社員」の条件には、次の2つがあります。

・雇用の期限を設けない無期労働契約を結んでいること
・時間当たりの基本給と賞与または退職金制度をフルタイムの
　正社員と同じ基準にすること

　通常の正社員がいることが要件にはなりますが、短時間正社員等多様な正社員への一人目の転換では、一人当たり40万円の助成金が増額され、80万円（一部40万円）＋40万円＝120万円の助成金がもらえます。

　通常の正社員がいない場合でも、短時間正社員への転換で、80万円（一部40万円）の助成金はもらえます。さらに、それが事業所初の正社員転換であれば、プラス20万円と合わせた計100万円が、短時間正社員への転換でも、もらえます。

　では、小規模事業者を想定し、キャリアアップ助成金正社員化コースの経済的インパクトがどのくらいあるか、数値例を挙げてみましょう。

　例えば、月給10万円の優秀なパート従業員を短時間正社員に転換したとします。給料と社会保険料が増額し、その負担増加額が月1万円とすると、増加額の80カ月分が「キャリアアップ助成金」で賄えます。

　万が一、その短時間正社員が転換3年後に自己都合で退職したとしても、助成金の返還義務は生じません。その場合、3年間で36万円の負担増加に対して、得られた助成金は120万円なので、差額が84万円という計算です。

　もっとも、「短時間正社員」は正社員の一種であり社会保険加入が必

従業員の育成や処遇改善でもらえる助成金と新設補助金　**第5章**

須ですから、社会保険に入っていないパート従業員を短時間正社員にすると、勤務時間が延びていなくても社会保険の負担が労使双方に生じます。

　それでも、月給10万円位の短時間正社員ならば、負担増加額の数年分が助成金で賄えます。

　さらに、次の次に紹介する「社会保険適用時処遇改善コース」を使って、まず社会保険に適用させたうえで、所定の期間経過後に正社員転換すれば、2つのコースの助成金が順次もらえますから、前段で述べたような負担額を引いて余りある助成金を得ることも可能になります。

　小規模事業者にとって、いきなり正社員で雇うのはリスクが高いと言えましょう。

　正社員は、本人が辞めるというまで、または定年に達するまで雇い続けなければならず、いわゆるローパフォーマンス社員やモンスター社員を一人でも雇ってしまうと、事業への悪影響が非常に大きくなるからです。

　100人に1人位はそういう社員が入社するものかもしれませんが、従業員数名の小規模事業者にその手の社員が入ってしまうと、死活問題です。

　ですから、小規模法人を経営する私は、フルタイムの入社希望者にはまず1年契約の契約社員として入社してもらいます。パートタイムの入社希望者とは、数カ月から1年間の期間で雇用契約をまず結びます。

　その後、従業員が優秀だと判断された場合に、正社員や無期契約従業員に転換します。短時間正社員への転換実績もあります。

　正社員と比べて契約社員は応募者に好まれない傾向はありますが、採用が大変でも、いわゆるローパフォーマンス社員やモンスター社員を特に正社員で採用しないほうが重要です。

113

そして、実際のところ、いわゆるローパフォーマンス社員やモンスター社員かどうかは、しばらく雇ってみないとわからないケースが一般に多いですから、私は見栄を張って中堅・大企業のように正社員を募集するのではなく、小規模事業者は身の程をわきまえて、契約社員や有期のパート社員を積極的に募集し、社内での教育や査定を経て、優秀な従業員を転換させるのがいいと考えています。

【賃金規定等改定コース】

　この「賃金規定等改定コース」は、パートやアルバイト、派遣社員など雇用の期間が決まっている従業員（有期雇用労働者等）の基本給を3％以上、引き上げることで助成金がもらえるコースです。

　賃金の引き上げ率が「3％以上、4％未満」の場合は対象従業員一人につき4万円、4％以上5％未満の場合は一人につき5万円、5％以上6％未満は6万5,000円、6％以上は7万円が助成されます。

　また、個々の「職務評価表」を作成し、また、「昇給制度」を新たに設け、それらに沿って賃金を上げると一事業所当たりそれぞれ20万円の加算を受けられます。

　仮に、週20時間勤務のパートさんの時給を1,000円としましょう。その時給1,000円を5％上げるとすると、1,050円。事業者側の負担増加額は、1週間に1,000円、年間50週営業する事業所では年間で5万円です。

　これに対して6万5,000円が助成されるわけなので、事業者側の実質的な負担はゼロどころか、年間で1万5,000円のプラスになります。

　確かに給料増加分の負担は2年目以降も生じますが、この助成金・コースは毎年度申請してもらえますので、毎年の社内定例行事にするといいでしょう。

ここ数年、厚生労働省が定める各都道府県の最低賃金は毎年3%以上増額される傾向があります。どのみち賃上げをしないといけないのであれば、この助成金をもらって最低賃金上昇前に自社の賃上げをしておけばお得でしょう。

もっとも、従業員が少ない小規模事業者にとって、もらえる総額が少ないのがこのコースの難点です。もっと高額な助成金をもらうためには、どうすればいいでしょうか。【正社員化コース】の条件として、「正社員前の賃金より3%以上を増やす必要がある」と述べました。

もし、週30時間以上の社会保険加入の雇用契約のパートや契約社員で今後ずっと雇い続けたい方がいて、この「賃金規定等改定コース」をもらうために3%以上の賃上げを行うのであれば、思い切って【正社員化コース】を選択するのも一手です。そうすれば、80万円（一部40万円）以上の助成金をもらえます。

もちろん、無期限の雇用契約に変わりますので、経営者さんがその非正規従業員さんを定年まで雇うつもりである必要があります。
「1年契約だから今年で終わり」というわけにはいかないので、正社員化はくれぐれも慎重に行いましょう。

【社会保険適用時処遇改善コース】

このコースは、フルタイムよりも勤務時間の短いパートやアルバイトの従業員を社会保険の対象にすると助成金がもらえるコースです。

これは、いわゆる「年収の壁」に対応した制度です。2024年の衆議院選挙で自民党が少数与党政権になり、国民民主党の主張する「103万円の壁」「130万円の壁」の解消策が2025年に協議されています。

社会保険に入ると社会保険料が給料から控除されるため、社会保険に入る前よりも手取り給料が減ってしまいます。そうならないよう、勤務

時間を延ばしたり、社会保険料負担に対応する賃上げをしたりした事業所に、従業員一人につき最大50万円の助成金を段階的に支給するのが、このコースです。

受給までの流れ

　各コースとも共通で、実施日の前日までに「キャリアアップ計画」の作成・提出が必要です。その後の受給までの流れは、コースによって異なります。

　各コースについては、次ページ「申請までの流れ（コース別）」図でご確認下さい。

【正社員化コース】

就業規則等の改定→正社員化後6カ月分の賃金の支払い（正社員化前6カ月と比較して 3％以上賃金の増額が必要）→支給申請

【賃金規定等改定コース】

取り組みの実施→取組後6カ月分の 賃金の支払い→支給申請

申請までの流れ（コース別）

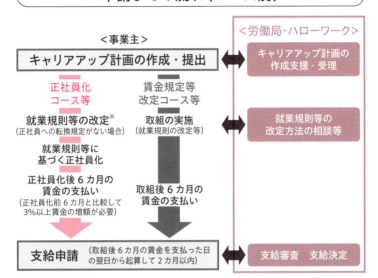

従業員の育成には「人材開発支援助成金」

「人材開発支援助成金」活用法

　従業員のスキルアップや能力向上には「人材開発支援助成金」が活用できます。

　人材開発支援助成金は、その名称通り、人材の育成や訓練、職業能力の開発、労働者のキャリアの形成など、将来にわたって会社で活躍できる人材の育成が目的です。

　昨今、「リスキリング」（技術革新や時代の変化などに必要な新しいスキルや知識を身につけること）という用語がブームになっています。この助成金はリスキリングへの支援も行っているので、時代の潮流を意識した助成金とも言えそうです。

　実際、「従業員がこういうスキルを持っていれば…」といった願望をお持ちの中小企業・小規模事業者の経営者が少なくないはずです。

　そうはいっても、社員にやる気を出してもらうためには金銭や有給休暇によるインセンティブが重要です。また、会社でスキル獲得の費用を捻出するのは厳しいし、従業員に資金負担を強いることもできないと感じる経営者が多いと思われます。

　そのような状況下にあるなら、この「人材開発支援助成金」の活用を考えてみてはいかがでしょうか。

どうすればもらえるか

　支給を受けるためにはおさえるべきポイントとして、基本的な要件があります。

　この助成金の支給を受ける基本的な要件には、次の2点があります。

・「職業能力開発推進者」の選任
・「事業内職業能力開発計画」の策定

　また、従業員へ同計画の策定を周知することも求められます。
「職業能力開発推進者」とは、従業員の能力開発を推進するための担当者です。特別な資格が必要なわけではないので、役員自ら行っても人事担当社員等に任せても、どちらでも良いでしょう。

「事業内職業能力開発計画」については、厚生労働省がインターネット公開している同助成金のパンフレットに作成例が掲載されているので、それを見ながら作成すればOKです。

　書類1、2枚程度の内容なので、そこまで手間がかかるものではありません。

　もう一つ、要件として重要になるのが、雇用保険適用事業所であることです。ここが、第4章74ページで解説した「業務改善助成金」とは異なる点でしょう。

　人材育成支援助成金も、他の助成金や補助金と同様、交付の対象にならない要件が細かく定められています。

　提出する書類は、「職業訓練実施計画書」を中心に、各コースによって違いがありますが、他の助成金や補助金と同様、書類は基本的にホームページからのダウンロードが可能な他、ほぼすべての書類に記入例が

提示されています。

　用意する書類は多いかもしれませんが、補助金と違って点数形式ではないため、記入例をチェックしながら一つひとつ丁寧に準備を進めていけば支給を受けることができるでしょう。

主な4つのコースのポイント

　この助成金の主コースは次の4つで、それぞれ支給の要件や助成率などポイントが異なります。

・人材育成支援コース
・教育訓練休暇等付与コース
・人への投資促進コース
・事業展開等リスキリング支援コース

「人材開発支援助成金」の「教育訓練休暇等付与コース」は、制度導入により30万円が定額でもらえます。人への投資促進コースのうち「教育訓練短時間勤務制度及び所定外労働免除制度」は、制度導入により定額で20万円がもらえます。

　他のコース・制度では、受講料等の経費と、従業員の教育訓練を受けている間の賃金が助成の対象になり、賃上げなどによる「加算」がもらえることが重要です。

　例えば「人材育成支援コース」では、通常、従業員一人当たり800円（1時間）が助成されます。さらに、賃上げによる加算で、プラス200円分が助成されます。つまり、時給換算で1,000円以内ならば、給与全額が助成されるケースもあるということです。

従業員の育成や処遇改善でもらえる助成金と新設補助金　第5章

加算をもらうための要件は、以下のいずれかを満たす必要があります。

A：賃金要件（訓練終了の翌日から1年以内に賃金を5%以上増加させる）
B：資格等手当要件（訓練終了の翌日から1年以内に「資格手当」として賃金を3%以上増加させる）

なお、この助成金は中小企業だけでなく大企業も対象になっています。大企業の場合は、助成率や助成額が中小企業よりも低く設定されているケースが大半となっていますが、本書は小規模事業者や中小企業に焦点を絞っていますので、次項から紹介する個別コースの助成金額や助成率などの数字は、すべて中小企業の数字を書いています。

経費＋賃金がもらえるコース

それでは主な4つのコースのうち、経費＋賃金がもらえる3コースについてご紹介します。

【人材育成支援コース】

「人材育成支援コース」は、その名の通り、職務に関連する知識や技能の習得や、非正規社員の正規化や一般社員の中核社員化を支援するためのコースです。

主な内容は、「人材育成訓練」、「認定実習併用職業訓練」、「有期実習型訓練」の3つで、それぞれ以下の内容が助成の条件になります。

人材育成訓練

- OFF-JT による訓練（事業所外でも可）
- 訓練時間数が 10 時間以上

認定実習併用職業訓練

- OJT と OFF-JT を組み合わせた訓練を実施
- 訓練実施期間が 6 カ月以上 2 年以下
- 訓練時間数の合計が 850 時間以上

有期実習型訓練

- OJT と OFF-JT を組み合わせた訓練を実施
- 訓練実施期間が 2 カ月以上
- 訓練時間数の合計が 425 時間以上

OJT による訓練は、例えば外部の専門家を会社に招き、あるいは、経営者、上司や先輩の指導を受けながら、日常の業務を行うものです。

一方、OFF-JT は、従業員が日常業務をしないで、外部主催のセミナー等を受講する他、外部講師を招いて座学での社内研修を実施すること。OJT でも OFF-JT でも労働時間として扱い、その分の賃金を支払う必要があります。

助成金の対象になる経費は、以下です。

- 専門家や講師への謝礼金
- 専門家や講師の交通費・旅費（※宿泊費や食費は対象外）
- 教室や研修室の会場・設備の使用料
- 教科書や教材の購入費
- セミナーや研修などの受講料

実際に講師を招いて講習会を開くための経費、ほぼすべてが助成の対象になると考えていいでしょう。

ただし、実際の職務とは直接関係がない講習、「社会人としてのマナー教室」のような汎用性が高い講習、個別の従業員の育成ではなく会社全体の経営改善に関わるような講習は助成の対象外です。

経費の助成率は対象の従業員の属性や訓練後の処遇によって45～100％と幅があり、正社員の登用に向けた教育訓練を受けさせて所定の賃上げを伴い正社員に転換した場合等、非正規従業員向けの訓練は助成率が高くなります。助成率が100％ということは、セミナー受講料や外部講師料等の全額が助成金でもらえる計算です。

もっとも、このコースで認められる従業員1人ごとの経費額は教育訓練実施時間数に応じて、次の上限額が設定されています。

従業員1人当たりの経費の上限額

- 10時間以上100時間未満 ⇒ 15万円
- 100時間以上200時間未満 ⇒ 30万円
- 200時間以上　　　　　　 ⇒ 50万円

そのため、短時間で高額なセミナーは対象外になる可能性があります。経費助成という観点から言うと、セミナー受講料や講演料の相場からして、授業時間数が10時間から10時間強のものですと、効率的に活用し易いことでしょう。

そこで、経費が基準に収まらない場合には、このコースの特徴ともいえる「賃金助成」のほうに利点を見出せるかどうか検討して下さい。

対象従業員が教育訓練を受けている時間について、前述のとおり1時間当たり800円または1,000円の助成金がもらえます。多数の従業員

に長時間受講させる場合には、それに対する人件費が相応にかかります。

　例えば、時給800円の従業員20人に50時間の研修を受けさせると、研修時間中の受講対象従業員に払う給与額だけで80万円に及びます。その大半が助成金で補填されますので、教育訓練の時間数が多い場合や対象従業員数が多い場合には、賃金助成を念頭においた助成金活用をお勧めします。

　特に、このコースの中の「認定実習併用職業訓練」と「有期実習型訓練」では、通常業務の中で行うOJTでの賃金助成も助成金支給対象になります。

　話を整理した表をお示しします。訓練分類ごとの助成額や助成率は次の通りです。

第5章 従業員の育成や処遇改善でもらえる助成金と新設補助金

人材育成支援コースの助成率・助成額

支給対象となる訓練		経費助成		賃金助成（1人1時間当たり）		OJT実施助成（1人1コース当たり）	
			賃金要件又は資格等手当要件を満たす場合※1		賃金要件又は資格等手当要件を満たす場合※1		賃金要件又は資格等手当要件を満たす場合※1
人材育成訓練	雇用保険被保険者（有期契約労働者等を除く）	45%	60%	800円	+200円	—	—
	有期契約労働者等の場合	70%	85%			—	—
	有期契約労働者等を正規雇用労働者等へ転換した場合※2	75%	100%			—	—
認定実習併用職業訓練		45%	60%			20万円	+5万円
有期実習型訓練	有期契約労働者等を正規雇用労働者等へ転換した場合※2	75%	100%			10万円	+3万円

（2025年2月時点の新年度の予定）

※1 賃金要件又は資格等手当要件を満たす場合とは

　全ての対象労働者に対して、要件を満たす賃金または資格等手当を支払った日の翌日から起算して5カ月以内に割増し分の支給申請をした場合に、当該割増し分を追加で支給されます。

※2 正規雇用労働者等への転換とは、

・①有期契約労働者等について、正規雇用労働者、勤務地限定正社員、職務限定正社員または短時間正社員への転換措置

・②有期契約労働者の無期契約労働者への転換措置

　のうちいずれかの措置を講じた場合をいいます。

【人への投資促進コース】

　このコースは、人材への投資を加速させるため、時限的に設けられました。

　高度なデジタル化に向けた知識やスキルを身につけるための訓練や、成長産業で活躍するための訓練、IT分野の未経験者を同分野の即戦力とするための訓練、働き手が自発的に受講した訓練などが助成の対象になります。

　また、このコースでは「人材支援育成コース」にて助成対象にならなかった定額制（サブスクリプション）の講習受講も対象になります。

「人への投資促進コース」の助成率、助成金額は次ページの表の通りです。

126

従業員の育成や処遇改善でもらえる助成金と新設補助金　第5章

人への投資促進コースの助成率・助成額

訓練メニュー	対象者	対象訓練	経費助成率		賃金助成額		OJT 実施助成額	
			中小企業	大企業	中小企業	大企業	中小企業	大企業
高度デジタル人材訓練	正規非正規	高度デジタル訓練	75%	60%	1,000円	500円	—	
		(ITスキル標準(ITSS) レベル3、4以上等)						
成長分野等人材訓練		海外も含む大学院での訓練	75%		国内大学院の場合1,000円		—	
情報技術分野認定実習併用職業訓練	正規非正規	OFF-JT＋OJTの組み合わせの訓練（IT分野関連の訓練）	60%(+15%)	45%(+15%)	800円(+200円)	400円(+100円)	20万円(+5万円)	11万円(+3万円)
定額制訓練	正規非正規	「定額制訓練」（サブスクリプション型の研修サービス）	60%(+15%)	45%(+15%)	—		—	
自発的職業能力開発訓練	正規非正規	労働者の自発的な訓練費用を事業主が負担した訓練	45%(+15%)		—		—	

（2025年2月時点の新年度の予定）

前ページの表の（　）内の助成率（額）は、賃金要件または資格等手当要件を満たした場合の率（額）です。なお、高度デジタル人材訓練と成長分野等人材訓練については、あらかじめ高率助成としているため賃金要件・資格等手当要件はありません。

　賃金助成額（訓練期間中に支払われた賃金に対する助成）は、1人1時間当たりの額です。OJT実施助成額は、1人1訓練当たりの額（定額）です。

　なお「高度デジタル人材訓練」「成長分野等人材訓練」「情報技術分野認定実習併用職業訓練」は、資格取得経費（受験料）も助成対象になります。

　このコースでは、基本的に1事業所が1年に受給できる助成金の限度額が2,500万円とされています。成長分野等人材訓練は同1,000万円、自発的職業能力開発訓練は同300万円が上限です。

　また、それぞれの訓練ごとに「100時間未満」や「100時間以上から200時間未満」など、訓練に割いた時間によって、訓練する従業員一人当たりの限度額も決まっています。次の表で受講者1人当たりの助成金の限度額を示しています。実際の申請時には、ホームページで確認しておきましょう。

従業員の育成や処遇改善でもらえる助成金と新設補助金　第5章

経費助成：受講者1人当たりの助成金の限度額

訓練コース・メニュー	実訓練時間数100H未満	実訓練時間数100~200H未満	実訓練時間数200H以上	大学（一年度当たり）	大学院（一年度当たり）
高度デジタル人材訓練	30万円	40万円	50万円	150万円	——
成長分野等人材訓練	——	——	——	——	国内150万円 <海外500万円>
情報技術分野認定実習併用職業訓練	15万円	30万円	50万円	——	——
自発的職業能力開発訓練	7万円	15万円	20万円	60万円	国内60万円 <海外200万円>
参考：人材育成支援コース	15万円	30万円	50万円	——	——

教育訓練経費と賃金の助成については、「人材育成支援コース」があるので、そこで吸収しきれない人材開発ニーズがある場合に、この「人への投資促進コース」の利用をご検討下さい。多くの小規模事業者が現実的に使うのは、以下の二つだと思います。

　・定額制訓練
　・自発的職業能力開発訓練

「定額制訓練」は、月額制や年額制で視聴し放題といったいわゆる「サブスク」の受講料等のうち60％（所定の賃上げ等要件を満たす場合は75％）が助成される制度です。

「自発的職業能力開発訓練」は、業務時間外に従業員が自主的に研修等を受講する際の受講料等を事業主が半分以上負担する場合、その負担額の一部を助成するものです。助成率は45％（所定の賃上げ等要件を満たす場合は60％）です。

　それ以外のコースを小規模事業者が使うとすれば、従業員が大学・大学院の授業を履修（正規学生の授業料の他、科目等履修生・履修証明プログラム生としての履修も対象）する場合です。

「人材育成支援コース」は経費助成額が少ないところ、「人への投資促進コース」では、特に大学・大学院の学費に対して高額な助成額を設定しています。

　中小企業・小規模事業者の人材育成にて効果的な対象は、後継予定者である従業員でしょう。そして、多くの場合、後継予定者は親族です。「人材開発支援助成金」では、親族対象外の定めがないので、親族従業員の大学（院）学費と履修中の賃金が助成されることに意味があると考える経営者は、高度デジタル人材訓練と成長分野等人材訓練の詳細を厚生労働省HPで調べてみて下さい。

従業員の育成や処遇改善でもらえる助成金と新設補助金　第5章

【事業展開等リスキリング支援コース】

このコースは、新規事業の立ち上げや事業転換などを行う場合、新たに必要となる技術、知識を身に付けるために行う訓練について、その経費や賃金の一部を助成するものです。「事業展開等」とついているように、会社の事業や業態転換の促進が主な目的と考えていいでしょう。

「人材育成支援コース」がありますので、使う必要性はさほど高くありませんが、条件はこの「事業展開等リスキリングコース」のほうが良いので、「人材育成支援コース」でも当てはまるがより高額な助成金をもらいたい、または、定額制訓練（サブスクリプション型の研修サービスによる訓練）を活用したい、という事業者向けと言えます。

1年度に1事業所当たり1億円までもらえる制度設計になっており、事業再構築補助金・2025年新設の新事業進出補助金に代表される経済構造転換政策を政府が非常に重視していることが、この金額から分かります。

このコースを活用するには、以下の要件をクリアする必要があります。

① OFF-JT（職場外研修）による訓練であること。
② 訓練の時間数が10時間以上であること。
③ A、Bのいずれかに当てはまる訓練であること。
　A：新しい事業や業態で必要になる専門知識・技術の習得
　B：事業のDX化やカーボン・ニュートラル化を進めるための専門知識・技術の習得

実際に新業態への転換や新たな市場への参入を伴わない場合でも、政府が推し進めている「DX化」や「カーボン・ニュートラル化」（省エネや再生可能エネルギーの活用などによって二酸化炭素などの温室効果ガスの排出量と吸収量の合計をプラスマイナスでゼロにすること）のた

131

めであれば、要件をクリアできます。

　同コースの対象になる経費は、以下の通りです。

　・専門家や講師への謝礼金
　・専門家や講師の交通費・旅費（※車代・食費等は対象外）
　・教室や研修室の会場・設備の使用料
　・教科書や教材の購入費
　・セミナーや研修の受講料
　・公的な資格試験の受験料

　基本的には本項で紹介した「人材育成支援コース」と同じ内容になります。対象にならない経費も人材育成支援コースと同様です。
　また、他のコースと同じように、訓練期間中の賃金についても、助成の対象になります。

　このコースの助成率は75％と高めに設定されています。賃金の助成は、訓練する従業員1人当たり1,000円（1時間）です。助成の限度額は、訓練時間が以下となり、人材育成支援コースと比べると、限度額が高めに設定されています。

従業員1人当たりの助成の上限額
　・10時間以上100時間未満　⇒30万円
　・100時間以上200時間未満　⇒40万円
　・200時間以上　　　　　　　⇒50万円

　※ただし定額制訓練は、1人12カ月24万円が上限。

第5章 従業員の育成や処遇改善でもらえる助成金と新設補助金

制度導入により定額でもらえる「教育訓練休暇等付与コース」

次に、制度導入により定額でもらえる「教育訓練休暇等付与コース」についてご紹介します。1企業ごとの助成額ですので、小さな事業者ほど得な仕組みです。

人材育成のための訓練などを受けさせるための「休暇制度」を整備した会社に対して、助成金が支払われるコースです。

【教育訓練休暇制度】

端的に言うと、従業員が業務に関連したセミナー受講等の教育訓練を受けるために取得できる3年間で5日以上の「有給教育訓練休暇制度」を導入すること。

制度を導入して実際に運用すれば30万円が支給されます（所定の賃上げ等を併せて実施する場合は、36万円に増額となります）。

これは事業主（企業）単位の一度限りの支給のため、事業所が複数あり従業員を多数雇用している企業よりも、雇用保険適用事業所が一つで従業員数が少数の法人・個人事業主のほうが、お得にもらえる制度です。

例えば、3年間で5日の有給休暇の金銭換算額が5万円と仮定すると、従業員が一人の法人・個人企業にてその制度を導入した後の経費は3年間で5万円です。

それに対し、もらえる助成金は30万円または36万円ですから、実際の経費を大幅に上回る助成金がもらえる可能性が、小規模事業者においてはあるのです。

さらに、従業員が教育訓練を受けた成果が仕事で発揮されるので、雇い主にとってはその効果にも大きく期待したいところです。

133

また、類似した制度が他に二つあるので、説明します。

【教育訓練短時間勤務等制度】

　この制度は厚生労働省の分類上は「人への投資促進コース」に入っている時限制度ではありますが、類似性から、「教育訓練休暇等付与コース」と一緒にここで説明します。

「教育訓練短時間勤務等制度」は、業務時間外に教育訓練を受けたい従業員がその思いを達成できるよう、雇い主が従業員の希望に応じて、所定外労働（いわゆる残業）を免除したり、さらには、所定労働時間の短縮を行ったりする制度を導入して実際に運用した場合に、1企業（個人事業主含む）1回限り、定額で20万円もらえます。所定の賃上げ等を併せて行うと、もらえる額が24万円へと増えます。

　これは、雇い主事業者側に直接的金銭負担なく、導入できるものです。すなわち、従業員からの申し出を受けて残業させなかったり、早帰りさせたりする場合、いわゆる残業代が払われないのはもちろん、勤務時間が減った分だけ給料も減額となります。
　つまり、制度を運用することにより人件費が減る一方で、20万円の助成金がもらえるわけです。

　学ぶための時間が欲しいと思う従業員と、利益を増やしたいと思う経営者の双方がとてもハッピーになる制度なので、導入を強くお勧め致します。

【長期教育訓練休暇制度】

　この制度も正式には「人への投資促進コース」内に位置付けられていますが、便宜上、ここで説明します。
　文字通り前述の「教育訓練休暇制度」の長期バージョンです。制度導入による経費助成として定額で20万円（所定の賃上げ等の要件を満た

従業員の育成や処遇改善でもらえる助成金と新設補助金 **第5章**

す場合には24万円）もらえる上に、従業員が取得した有給休暇に対応した賃金助成も、加えて得られます。その賃金助成額は昇給を前提に1時間1,000円（1日当たり8,000円相当）です。

では、「長期」とはどれほどの期間でしょうか。この助成金制度の対象になるのは、所定労働日において「合計30日以上」かつ「連続10日以上」取得するものです。30日を超える場合には、超えた分につき分割取得も認められています。例えば、40日を、30日と10日に分割することができます。

賃金助成の対象日数は、1600時間（1日8時間の場合は200日）です。対象従業員一人当たりの賃金助成の上限額としては、次の計算になります。

1,000円 × 1600時間 ＝ 160万円

非常に高額ですね。時給が1,000円をさほど上回らない従業員であれば、約1年間有給休暇を付与して、それに対応する年間賃金の大半を助成金で賄えます。

所定労働日で30日というのは暦日では1カ月超ですから、これだけ連続した有給休暇を与えられる従業員は、実際限られることでしょう。幹部候補生のような存在が現実的な対象であり、中小・小規模事業者の幹部候補生といえば、後継者候補です。

キャリアアップ助成金をはじめ、雇用助成金は親族を対象外としているものが多い中で、人材開発支援助成金にはその定めがありません。
中小企業の事業承継問題・後継者不在問題が深刻化している現在、この制度を使って、後継者教育をされたらいかがでしょうか。

135

2025 年の雇用助成金拡充と新設補助金

2025年度の雇用助成金拡充

　前年度に引き続き 2024 年度補正予算でも 2025 年度予算案でも、賃上げ対策関連費が多く計上されました。政府は賃上げのために業務改善、従業員のスキルアップや正社員化が重要だと考えており、多くの制度にて拡充が予定されています。

「業務改善助成金」では、2024 年度まで、地域別最低賃金が 950 円以上の事業場での助成率が 75％でしたが、2025 年度から、1,000 円未満の助成率が 80％に引き上げられます。

「働き方改革推進支援助成金」では、賃上げ加算制度が 2024 年度まで賃上げ率 3％と 5％との設定でしたが、2025 年度からは、7％以上の賃上げをした事業場にてより高額の加算がされる仕組みが加わります。

「キャリアアップ助成金」の賃金規定等改定コースでは、2025 年度より、賃上げ率 6％以上の場合の助成金が設定され、また、昇給制度を新設した場合の加算措置が創設されます。

「人材開発支援助成金」では、訓練終了後に賃上げ等した場合の賃金助成額の引上げが 2025 年度に予定されています。

　その他、2024 年度休止につき本章で取り上げませんでしたが、「人材確保等支援助成金」（雇用管理制度・雇用環境整備助成コース）が 2025 年度に復活し、対象労働者の賃金を 5％以上増加させた場合の加算措置

が講じられます。

　このように、特にパートなど非正規従業員に対する教育訓練や処遇改善に取り組む事業者を、厚生労働省は積極支援しています。
　こうした取り組みによる、従業員のスキルアップ・キャリアアップの実現は事業者にとっても大きな利点です。しかも、雇用助成金が得られます。

　私は国策に沿った会社経営が重要と考え取り組んできました。その甲斐あって、2007年に資本金990万円で作った会社を2016年に約5億円で売却ができました。現在は別の会社にて同様の取り組みを行い、会社を成長させると共に毎年高額な雇用助成金を受けています。

　世間には、雇用はコストとリスクを負うからと避ける経営者もいますが、雇用の創出、賃金引上げと人材育成が企業に対し、政府や社会から期待されていることであり、その期待に応えることで社会が良くなり、企業は国の援助を受けながら大きくなります。
　私は今後もこうしたスタンスで会社経営を続けたいと考えています。

2025年の新設補助金 —— 建物新築代も対象

　政府が 2024 年 11 月に策定した総合経済対策では、賃上げ政策が全面に掲げられました。それを受けて同年 12 月に成立した 2024 年度補正予算に関連し、賃上げを目的とした新たな補助金が中小企業庁から発表されました。

　小規模法人や個人事業主も対象として想定されているその新制度は、「中小企業新事業進出促進事業（新事業進出補助金）」です。これは、2021 年に開始された事業再構築補助金の財源基金を活用したものであり、1,500 億円の予算が計上されています。建物の新築代金といった高額な設備投資資金も補助対象としていることが、大きな特徴です。

　この補助金は、既存事業とは異なる新市場・高付加価値事業への進出にかかる設備投資等を支援するものであり、「中小企業等が企業規模の拡大・付加価値向上を通じた生産性向上を図り、賃上げにつなげていくこと」が目的とされています。

　従業員数 20 人以下の事業者の補助額は 750 万円から 3,000 万円であり、所定の賃上げが要件です。
　設備投資資金の他、設備投資に関連する技術導入費・運搬費・知的財産権等関連経費、新市場・高付加価値事業への進出にかかる専門家経費・クラウドサービス利用費・外注費・広告宣伝・販売促進費が幅広く補助対象となります。
　また、やや規模の大きい中小企業向けの施策になりますが、「中小企業成長加速化補助金」が新設されます。
　設備投資額 1 億円以上が要件の一つであり、前述の「中小企業新事業進出促進事業（新事業進出補助金）」よりも大きな設備投資を支援する制度です。ここでも賃上げが要件の一つとされています。

従業員の育成や処遇改善でもらえる助成金と新設補助金　第5章

　その他、既設の「ものづくり・商業・サービス生産性向上促進補助金」では、賃上げによる補助上限額と補助率の引き上げが 2025 年より講じられます。

　本章では、従業員の育成や処遇改善でもらえる雇用助成金と新設補助金について解説しました。私たち中小企業者が賃上げ関連の補助金等をもらうためには、当然ながら、賃上げ対象となる従業員の雇用が必要です。雇用せずに経営する方法もありますが、行政の補助成金を得て事業拡大するとなると、賃上げが不可欠な時代になっています。

　そのため経営者は、行政の支援を受けずに経営者のみで事業を進めるか、従業員を雇って行政の支援を受けるかの選択が必要です。
　雇用にはコストもリスクも伴いますから、雇用せずに経営者のみで経営するのも一つの良い方法です。そのほうが、従業員に賃金を払わない分、自社の利益が高まる可能性があります。

　中小企業では会社の利益はすなわち出資している経営者の持つ株式・持分価値になりますから、経営者が儲かることになります。
　しかし、このような労働分配も雇用創出もない企業は、行政の補助金政策の主対象にはなりません。国や地方公共団体が事業者に補助金等を支給するには政策目的があります。

　補助金申請の審査員や担当行政官は、「申請のあった事業者への補助金の交付が政策目的に結びつくか」という観点から審査を行います。
　すなわち、「補助金を交付するに値する企業・事業かどうか」です。類似の事業であれば、収益の多くが内部留保され経営者に帰属する案件よりも、雇用創出や賃上げを行う案件に高得点を付けることでしょう。
　その「高得点」が、次章のテーマです。補助金の事業計画書にて何をどう書けば「高得点」を得て採択され易いか、次章にて計画書記載例を示しながら実践的に説明します。

本書記載内容の ご質問をお受けします

　読者の皆様からの本書記載内容に関するご質問を著者石渡浩が直接お受けして、回答致します。もちろん無料です。事前登録制でお受け致します。ご登録人数が増えた場合、予告なく登録受付を停止させて頂きます。

事前登録方法

次の URL または QR コードから、メルマガにご登録下さい。

https://qrtn.jp/d4xkbwr

ご質問方法

読者様向けメルマガ等、読者様に著者石渡浩が配信する Email へご返信頂くと、石渡浩に直接メールが届きます。後日、読者様向けメルマガにて、回答致します。但し、違法・違反の疑いがある事項については、著者の判断で回答を差し控えさせて頂きます。

第6章

誰でも書ける！
高得点が狙える
「事業計画書」

　「事業計画書」は、厚生労働省の助成金の申請には必要がないこともありますが、中小企業庁等の補助金の申請には、ほぼ必ず提出が必要です。

　補助金の審査は有識者による採点式で、高得点をいかに取るかがポイントになります。このため「事業計画書」をどう書くかが、補助金をもらうために最も重要な点です。

　そこで第6章では、経営や会計、税務についてほぼ素人の方でも、高得点が取れる事業計画書の作成方法を紹介していきます。ポイントさえ押さえておけば、誰でも高得点が取れるようになります。

事業計画書は
「理念」や「思い」が大事

事業計画は「今後の計画」だけではダメ

　事業計画書は、文字通り自社の事業の計画を説明するための書類です。といっても、今後の計画だけ書けばいいわけではありません。

　会社の紹介や手掛ける事業の概要、自社の商品やサービスの紹介など、さまざまな内容が盛り込まれています。簡単にいうと、「この書類を読めば、その会社がどういう目的で何をやっていて、これから何をやろうとしているかが一目で分かる」書類です。

　私は、事業計画書とは経営者の理念や実現したいことが言語化されたものだと考えています。

　もし、あなたが補助金の事業計画書を採点する担当者だとしたら、どんな事業計画書を書いた経営者にお金を出したいと思うでしょうか？

　採点はAIではなく、感情を持つ人間が行っています。単に「お金やモノが欲しいから」だけを書くより、経営者の理念を伝えたほうが相手に理解してもらい易いでしょう。

　また、政府や事務を担当する役所は、お金に困っている人を支援する目的で補助金を整備しているわけではありません。投じたお金に対して、明確な効果を期待しています。補助金を受けて事業に取り組む事業者の経営上の効果はもちろん、行政庁が補助金を配る政策目的の達成という効果についても評価されます。

誰でも書ける! 高得点が狙える「事業計画書」 第6章

経営者の「思い」をしっかり伝える

行政庁は、補助金を受け取ることで経営が効率化したり、生産性が上がったり、売上が伸びたりするような具体的な効果が見込める会社を支援したいと考えています。

そして、それにより、雇用が増えたり、地域が活性化したり、税収が増えたり、社会が変わったり、そういう行政庁の狙いに沿う事業者を支援したいと考えています。

これらを判断するための書類が「事業計画書」なのです。そのため、「どういう思いで、何をやりたいのか」がはっきりと分かる内容になっている必要があります。

事業計画書の作成は、最初のうちは手間がかかるかもしれません。ただ、一度ちゃんとした事業計画書を作成すれば、何種類もの補助金の申請に活用できます。

それだけではなく、銀行融資の審査でも用いることが可能です。銀行融資担当者の知りたいポイントが、事業計画書に詰まっているからです。

また、経営者の思いを従業員に理解してもらうのはなかなか難しいですが、事業計画書にきちんと思いを言語化していれば、従業員との目的や意識の共有もできるようになるでしょう。

しっかりとした事業計画書を作成することは、事業者にとって一石二鳥どころか、一石三鳥、四鳥になるのです。

143

作成の前にまずやること

「欲しいものリスト」を作成する

　事業計画書には、経営者がやりたいことや、この先会社がどうなりたいのかを書いていきます。それを書くことで、その「やりたいこと」や「なりたい姿」を叶えるために何が必要なのかが見えてきます。

　そこでお勧めしたいのが、やりたいこと、なりたい姿と現状のギャップを埋めるために必要なものを記した「欲しいものリスト」を作ることです。

　例えば、私の運営する宿泊業では、以前、タオルを干すのに毎日30分から40分程度の作業時間がかかっていました。これを効率化するために乾燥機付き全自動洗濯機を「欲しいものリスト」に加え、導入しました。その結果、タオルを干す作業の時間をなくすことができました。

　パソコンでも、広告の看板でも、車でも何でも構いません。補助金・助成金で対象になりうるかどうかは気にせずに、まずは、次ページの表のようにリストアップしてみることが大切です。作業内容と作業時間なども書き出してみると欲しいものが分かったりします。

　「欲しいものリスト」を書いていくうちに、少しずつ自分の頭の中が整理できるでしょう。もちろん、このリストをそのまま事業計画書に入れることはしませんが、事業計画書の一部に応用することができます。

誰でも書ける！ 高得点が狙える「事業計画書」 第6章

欲しいものリストの一例

欲しいもの	パソコン、iPad	ＥＣサイト	デジタル一眼レフカメラとレンズ
何のために必要？	業務効率化	販路開拓	動画作成、業務効率化
詳細	現在使っているパソコンは旧型で動作が遅く、作業効率が悪いうえ、業務に必要なオンライン会議などにも対応できないため、CPUが高いパソコンを導入したい。	コロナ禍以降、社会のオンライン化が進んでおり、新たな販路を開拓する必要がある。ライバル企業が導入する前にECを構築したい。	新たなホームページとECサイト作成を考えており、商品画像の撮影のため、またWi-Fiで撮影データが転送できる最新のカメラで業務効率化をはかりたい。

自社の強み・弱みを知る（SWOT分析）

　SWOT分析とは、自分あるいは自社の強み（Strength）、弱み（Weakness）、外部の機会（Opportunity）、脅威（Threat）の４つの分野に分けて分析する手法です。自社の現状を把握するために用いられます。

　事業計画書では、自社の現状や、自社が商品やサービスを提供しているマーケットの動向、ライバル社の動向などを書く必要があります。
　これらの項目を書くためには、自社が置かれている状況や環境を正確に把握していることが重要で、そのために有効なのが、この「SWOT分析」なのです。

　それでは、次の表で私自身が作成したSWOT分析の紹介と詳しい解説を行います。

145

SWOT 分析の例

	S（強み）	W（弱み）
内部要因	・女性ならではのきめ細やかなサービス提供が可能 ・マーケティング力がある ・営業クロージング力が強い（成約率8割超の実績）	・新展開するサービスは未経験で知識が少ない ・ブランド力が低い ・マンパワーが不足している ・優秀な人に仕事が集中しやすい

	O（機会）	T（脅威）
外部要因	・オンライン環境が整備されている ・エコや環境に対する人々の意識が高まっている	・コロナ禍以降、対面以外の販売方法が進んでいる ・エネルギー価格の高騰 ・原材料高

　SとWには内部要因、つまり自分や会社の強みや弱みを記入します。経験上、強みの部分がなかなか出てこないケースが少なくありません。その場合、まずは弱みの部分から挙げていくといいでしょう。その弱みが、強みにつながる可能性があるからです。

　例えば、「物事に対して神経質」という弱みは、突き詰めれば「物事を繊細、丁寧に見られる」という強みでもあります。他にも、「物事に情熱的になれない」のが弱みなら、それは「常に物事を冷静沈着に判断できる」という強みにつながるでしょう。

　弱みしか出てこない場合は、まずは弱みをどんどん挙げていって、裏返せば強みになる部分を探して下さい。

　また、あまり強みだらけの分析も、事業計画書としては適切とは言えません。というのも、「弱み」や「脅威」があるからこそ、それに対す

る支援（補助金）が必要になるためです。強みだらけだと、「なんで補助金が必要なの？」と捉えられかねません。

私の弱みに記載した「新展開するサービスは未経験で知識が少ない」という弱みがあるから、補助金をもらってセミナーを受講し、知識や経験を身に付けるという目的が生まれます。他にも次のような弱みがあり、そのために補助金が必要です、とアピールできます。

・ブランド力が低い⇒広告宣伝が必要
・マンパワーの不足⇒DX化による効率化が必要

つまり、弱みや脅威は何が必要かの判断材料になり、さらには採点者へのアピールポイントになるのです。反対に、誰も解決できないようなことを弱みや脅威の欄に書いても意味がありません。

ほぼ全ての補助金の申請には、事業計画書の中に強みと弱みを書かされる項目があります。あらかじめSWOT分析をしておけば、事業計画書の作成がスムーズになるでしょう。

これが高得点を狙える
事業計画書！

実際の書き方を解説

　ここまでの作業で、事業計画書を作成する下地は整いました。ここからは、私が作成したテンプレートの一部を見ながら、高得点が取れる事業計画書のポイントを解説していきましょう。

＜企業概要＞

　ここは、事業計画書の最初に記載する「企業概要」の部分です。簡単な会社の紹介から始まり、経営者の「理念」、市場動向とその影響、会社が抱える悩みや問題、これからやりたいことについて、簡潔かつ明確に記入します。

　説明を「簡潔かつ明確」にすべきなのは、きちんとした理由があります。それは、この計画書を審査する担当者が、十分な時間をかけて採点するわけではないからです。
　採点担当者は、1週間に何十件、多いときで百件近く採点をしなければならず、1件1件を熟読する時間などありません。ほとんどのケースでは、斜め読みに近い形で読み進めていくことになります。
　そうであるにも関わらず、長々と書かれていたら、担当者はどう考えるでしょうか。序盤から「この事業計画書は何を言いたいのだろう、分かりづらい」などとマイナスなイメージを持たれかねません。
　そうなると、この先の重要なポイントも読み飛ばされてしまう可能性があります。

　この導入部分だけではなく、その先もポイントを絞って「簡潔・明確」

誰でも書ける! 高得点が狙える「事業計画書」 第6章

に書いていく必要があります。この点を常に念頭に置いて書き進めていきましょう。

---

1 企業概要

❶ 自社の概要

・創業:「創業・設立年」、「創業者名」が「〇〇県〇〇市〇〇町」にて設立
・事業内容:主に「〇〇業」
・従業員数:「現在の雇用している従業員数」名(「代表や役員」を含む)
・理念:「理念等」(例:〇〇を通じて社会に貢献する)
上記理念を事業遂行の中核としています。特に「〇〇」という社会的課題の解決を目指し、その理念を持続的に追求して参りました。
近年「〇〇業」の市場は「歴史的円安 or 原油高」の影響により売上が「減少 or 増加」しています。特に原油高に伴い「仕入れ値」が上昇し、売上は伸びていますが利益は圧迫されています。
今後の展望としては、「新たな顧客属性」に焦点を当てた「販路開拓 or 新しいビジネス or ビジネスモデル」の構築を予定しており、「〇〇の影響で減少した売上を取り戻す or 売上を更に伸ばす」方針を掲げております。

＜顧客のニーズと市場動向＞

　事業計画書では、「顧客のニーズと市場の動向を正確に把握していること」が求められます。

　ただし、事実であっても、あまりにネガティブな内容ばかりだと、「この会社は大丈夫なのか」と疑問を持たれてしまうかもしれません。そこで、「市場全体では縮小しているが、新たに始める事業のマーケットは拡大している」など、ポジティブな要素を入れ込むべきでしょう。

　また、市場や競合他社の分析などデータの提示をする箇所には、図表やグラフを入れ込むと、資料が見易くなります。これは前述の「簡潔かつ明確」という基本的な書き方にも通じます。文字だらけの文章では、担当者の読む気がそがれてしまうかもしれません。

149

2 顧客のニーズと市場の動向

❶市場動向・市場ニーズ

●市場動向：

当社が属する「〇〇」業界は全国的に見ると以下の傾向があります。
「市場規模は拡大している。or 市場規模は縮小傾向にあるが、当社が生き残るだけの十分な市場があります。」（図表〇）

●市場ニーズ：

お客様は「顧客のターゲットを書いてください」な人が多く、客単価は「例：メニュー金額の平均など」円程度です。繁忙期は「〇月」です。
お客様からはよく「お客様からのレビュー1（1行で手短に書いてください）」や「お客様からのレビュー2」といったお声がけを頂きます。
最近「〇〇〇」が多くなりました。
今後は「〇〇〇」が予想されます。

ポジティブに市場を捉えましょう

●ニーズは、お客様の要求等について、従来からあった要望や最近増えてきた要望などを書きましょう。
●また、最近増えてきた顧客の特徴、少なくなった顧客の特徴などを記載しても可です。

　市場分析などのデータや図表は、経産省や厚労省などのホームページに掲載されている資料であれば、基本的にそのまま引用することができます。

【市場調査のデータがあるサイト】

・J-Net21 市場調査
https://j-net21.smrj.go.jp/startup/research/index.html
・RESAS 地域経済分析システム
https://resas.go.jp/#/13/13101

誰でも書ける！高得点が狙える「事業計画書」 第6章

【新たな産業に進出する際に参考になるサイト】

・業種別開業ガイド

https://j-net21.smrj.go.jp/startup/guide/index.html

　上記は一例です。これ以外にも市区町村が出しているデータや新聞記事なども活用できます。

　多少、図表に手を加える必要はありますが、日本経済新聞社など信頼のおける媒体のデータを活用してもいいでしょう。もっとも、民間企業が作成したものは、著作権が絡む可能性があるため、図表をそのまま複写・転載するのは避けるべきです。

　適切な図表などが見つからない場合は、いま流行のオープン AI を活用して、データを探してみるのも一手です。検索に適しているオープンAI は Microsoft Copilot が有効です。

　ただし、オープン AI が提示するデータは間違っている可能性もあるため、データを引用する場合は、出典元の Web ページを確認して、その情報元から参照するようにしましょう。

　図表以外にも、補助事業に関連する写真を撮り、それを掲載すると、採点する担当者のイメージも湧き易くなります。

　分析や統計の項目で絶対にしてはいけないのは、自分の勝手な想像だけで分析して書いてしまうこと。きちんとしたソースに基づいた分析やデータの提示が重要です。

151

続いて、競合についても触れておきます。競争環境を把握するために、次の質問の答えを書き出して下さい。

あなたの事業に競合（ライバル）はいますか？
それはどんな会社でしょうか？
競合とあなたのサービスの違いはなんでしょうか？

新サービスを打ち出すときにはこの他社競合分析は欠かせない一つになっていますので、ぜひここも一度考えてみましょう。

---

❷競争環境

競合は「競合業種や具体的な社名」です。近年では「新規参入業者・商品 / サービスの代替品」などが「増えつつあり or 減りつつあり」、その市場規模としては年々「増加 or 減少」傾向にあります。
競合企業は、「できれば具体的な社名を書いてください」や「〇〇」に注力した事業戦略を展開しています。対して当社は、「自社の強みや他社と差別化できる事などを書いてください①」や「①以外にも強みがあれば書いてください」を提供することで差別化を図っています。

＜自社や自社の提供する商品・サービスの強み＞

次に、前述した SWOT 分析に、自社や自社の提供する商品・サービスの強みと弱みを具体的に書き込んでみましょう。「一人で事業を回していること」という弱みなら、「DX 化で事業を効率化してカバーする」という、補助金をもらうための理由になります。
「店頭販売だけなのでライバルと比較して競争力が劣る」という弱みがあるから、「オンライン化でカバーするために補助金を申請しました」

と目的を明確に主張できるわけです。

　また、これに続く項目「経営方針・目標と今後のプラン」では、自社の課題や目標を書く欄があり、ここでも SWOT 分析が活用できます。

　以下の表は、SWOT 分析の記載例です。「強みと弱み」「機会と脅威」のバランスにも留意してみて下さい。表にあるように、それぞれ 1：3 になるように書きましょう。

---

❸ 自社や自社の提供する商品・サービスの強み

❶ 下記の表は、現事業における自社の提供する「商品 or サービス」の SWOT した結果です。

	強み「競争優位性があり、さらに強化すべきもの」	弱み「今後克服すべき経営課題」
内部環境（自社経営資源等）	・女性特有のきめ細かな視点や行き届いたサービスに定評がある ※強みと弱みは 1:3 になるように書いてください。	・「優秀な従業員への業務の集中」or「代表一人がほぼ全業務を担当している」 ・店頭でのサービス提供及び販売のみのため、売上が市場動向の影響を受けやすい

	機会「外部環境のうち、自社にプラス要因となるもの」	脅威「外部環境のうち、自社にとってマイナス要因となるもの」
外部環境（業界市場経済等の動向）	・オンライン通販のニーズが増加 ・環境に関心を寄せる人の増加 ※機会と脅威は 1:3 になるように書いてください。	・競合企業数の増加 ・人口の減少 ・原油価格の高騰 ・円安の影響

＜経営方針・目標と今後のプラン＞

　「経営方針・目標と今後のプラン」では、自社の経営方針として、分析結果から導き出された自社の課題と、今後の方針を記載していきます。ここで重要なのが、誰に対して、何を、どのように販売していくかになります。

　取組内容は、先ほどのSWOT分析で出た、強みを活かして新たな販路開拓や取組、新しいサービスなどを具体的に書いていく箇所になります。
　また物販などで新しい商品を開発していくものであれば、新商品の写真またはイメージ図等があると分かり易いです。
　写真などを挿入した場合には、その写真の説明をいれることをお忘れなく。よく写真だけついている計画書を見かけますが、書いている本人にしかわからない商品もあり、審査員にも他の人にも何の商品なのかが分かりません。

　加えて、審査員はご高齢の方も多いので、写真や図表、その説明文も大きめのサイズでの挿入をお勧めします。小さすぎて、文字も見えない、図表も見えないとなると、せっかく頑張って取組内容をわかりやすくしても伝わらず残念です。

誰でも書ける！高得点が狙える「事業計画書」 **第6章**

4 経営方針・目標と今後のプラン

❶経営方針

●上述の分析結果からわかる、現在の当社の課題：
・「優秀な従業員への業務の集中」or「代表一人がほぼ全業務を担当している」
・「店頭でのサービス提供及び販売のみのため、売上が市場動向の影響を受けやすい」

●今後の方針：
当社の「○○○（前述のSWOT分析で書いた強み）」を活かし、下記の取組を実施します。

・「誰（市場・商圏)」に
・「何」を
・「どのように」します

●取組内容：
経営方針・目標を達成するために本補助事業を活用した販売促進策として、「誰」に対して、「何」を、「どのように」します。

この取組は、「○○な市場（商圏)」の特性を踏まえ、過去の自社及び競合の取組と比べ、「○○」や「○○」において独自の創意工夫を凝らしています。

●具体的な取組内容
・「商品」：
・「価格」：
・「売り先」：
・「販売促進策」：
取組①（図表A）
取組②（図表B）

図表A　取組①のイメージ	図表B　取組②のイメージ
取組イメージなどの写真イラストを入れてください。※写真やイラストを入れたらその説明を必ず入れましょう。	取組イメージなどの写真イラストを入れてください。

155

＜補助事業の効果＞

　最後に記載する、補助事業の効果の欄は大変重要です。一番重要といっても過言でない箇所になります。こちらは補助事業を行った後どのような効果がでる見込みであるかを書く箇所です。

　効果には、売上増加など数字で表現する定量的効果と、数字には表せないが、社会環境や雇用環境への効果が表れるものを書きます。
　補助事業を行い、具体的にどれくらいの数量の商品やサービスが売れて具体的にいくらの売上増加になるかというのは重要です。

　売上増加にそもそも貢献しない取組はやめたほうがいいので、補助金を活用せずに事業を行うにしてもここは大変重要です。きちんと分析して、取組を変更する事業者もいます。それが正解です。
　また、その売上増加の根拠を考える必要があります。定性的効果では、例えば、地域経済活性化や、従業員がいる事業者では、賃上げへの貢献があります。

　要綱・要領の「審査項目・加点項目」の欄には、行政がどのような効果を期待しているかのヒントが記載されているので、ここを記入する前に目を通しておくべきです。

　補助事業の効果の欄の最後、定点的な効果の後「事業計画書を書く時に苦労した点」など、一言感想を付け加えておくと、採点担当者の印象がよくなるでしょう。

誰でも書ける！高得点が狙える「事業計画書」**第6章**

5 補助事業の効果

❶定量的な効果（収益面の効果）

「〇〇」を用いた販売促進：
「〇〇」により「〇〇」件の「〇〇」へアプローチを行います。
→その「〇」％にあたる「〇」件からの問い合わせを見込んでいます。
→うち「〇〇」人が「〇〇」し、さらに1／「〇」の（「〇〇」人）が「〇〇」になると予測しています。
この推定は、「〇〇（公表されている業界平均や統計 or ご自身が実際に受けた問合せ件数）」に基づいています。
これにより月額「〇〇」円の売上増加が見込まれます。さらに、毎「〇」カ月ごとに〇％の売上増 or 〇件増加が予想されます。

●事業化後6カ月間の売上予想：

商品	平均単価	注文件数					
		1月目	2月目	3月目	4月目	5月目	6月目
A	3,000 円						
B	2,000 円						
C	1,000 円						
売上高（円）							

●売上が増加する理由：

・「ネイルケア商品をＥＣサイトでも販売することで、注文件数の増加が見込まれます。」
・「新しいメニューの提供により、顧客の定着を促し、結果として売上増加が見込まれます」
計「〇〇」の売上増加となり、本補助事業への「〇〇」円の投資は約1年で回収可能見込みです。

❷定性的な効果（社会環境・雇用環境への効果）

●地域経済の活性化への貢献：

説明を2行程度書きます。

●賃上げへの貢献：

賃上げ予定がある場合は記入して下さい（2行程度）。
また、加点項目があればこちらに追記ください。

157

書き方はここを押さえておく

ここまで、高得点が狙える事業計画書の書き方について解説してきました。他にも、いくつか押さえておくべきポイントがあります。

ポイント① 要綱・要領に検索をかけてみる

PDF 文書を開き、その文書を「審査」や「加点」で検索（大抵の Windows PC であればコントロールキー + F）をかけてみましょう。

そうすると、「審査で何が重視されているか」が書かれている部分をピックアップすることができます。そのポイントをきちんと押さえた内容にすれば、高得点は目の前です。

ポイント② 取れる加点は必ず取る

補助金には大半の場合、「加点」という項目があります。例えば、2023 ～ 2024 年の小規模事業者持続化補助金では、「事業環境変化加点」という、ウクライナ情勢や原油価格、LP ガス価格等の高騰による影響を受けている事業者に対して加点が行われた他、「加点項目」が複数設けられていました。

無理をして要件に合うよう調整する必要はありませんが、現状で当てはまる加点があるなら、忘れないように加点項目に追記して、加点を必ず取るようにしましょう。

誰でも書ける! 高得点が狙える「事業計画書」第6章

ポイント③ 補助される事業名は、「名は体を表す」ものにする

　事業計画書には、補助金の対象となる事業の名前と、内容の説明をする項目があります。

　事業タイトルだけでは何をしているかがわからないものはマイナス要素です。適切な名前が思い浮かばない場合は、該当する補助金のホームページに記載されている「採択者一覧」で、他の申請者の事業名を確認することができます。完全に同じ名前にするのは避けるべきですが、参考になるはずです。

ポイント④ ITを活用している事業者はそれを書く

　大半の補助金では、「ITの利用・活用」について記入する項目が設けられています。

　現在はITの活用が当たり前の時代です。IoT（モノのインターネット）、AI、ビッグデータ、クラウドサービスといったIT活用のキーワードをしっかりと把握して、事業計画の中に入れ込むことを考えましょう。

ポイント⑤ 「実施体制」は意外と大事

「実施体制」は、事業の責任者や役職などを書く欄です。記入が見過ごされがちな箇所ですが、意外と重要な項目です。

　きちんと記入することをお勧めします。自分の家族など、必ずしも賃金の支払いが発生していない場合でも OK です。

ポイント⑥ 補助事業の実施期間をきちんと書く

　補助金で補助される事業の実施期間も大切なポイントです。
　というのも、補助金の担当者や役所は補助事業の「効果」を重視していて、事業の実施後一定期間内に効果が見込めるものに補助金を支給しようとします。

　なぜ、実施期間を重視するかといえば、実施期間がきちんと把握できていない事業者では、一定期間内の効果など見込めないと捉えられてしまう可能性があるからです。

誰でも書ける！ 高得点が狙える「事業計画書」 第6章

＜補助金事業のスケジュール＞

　事業計画書を書くのは、最初は時間がかかりますが、問題ありません。2回目、3回目になれば、最初に書いた計画書をベースにして、短時間で作成できるようになります。

　また自社のSWOT分析や市場の分析、事業の効果など、あえて言語化することで、自身の事業に対してのメリットもたくさんあります。

　自社のこれまで見えていなかった部分が見えて、抱えている課題がはっきりするなど、今後の事業にも生かせるようになります。

補助事業の実施期間例

●補助事業のスケジュール
補助事業のスケジュールは以下の通りです。

内容	12月	1月	2月	3月	4月	5月	6月	7月
採択				●				
交付決定				●				
取組1					●			
取組2					●			
取組3					●			
研修								
成果物確認						●		
実績報告							●	●

取組1～3は具体的な取組内容と順番、表記名を一致させてください。

161

スムーズに申請するために

　事業計画書が書ければ、申請まであと一歩です。ここで、事業計画書以外にも注意しておきたい点を5つ紹介します。

　補助金や助成金をスムーズに申請するために、必ず押さえておきましょう。

注意点① 窓口の担当者と上手に付き合う

　雇用助成金の多くは、厚生労働省が全国47都道府県に設置する労働局（東京であれば「東京労働局」）に窓口があります。地方自治体の補助金等は、それぞれの自治体の担当部課に窓口があります。

　厚生労働省の雇用助成金は、電子申請ができるものが増えていますが、窓口申請をお勧めします。窓口では、提出したときにこちらの不備をチェックし、間違いがあれば教えてくれるケースもあります。

　基本的には窓口の担当者が指摘する通りに修正すればOKです。また、事前に相談できる場合もあります。

　ただ、担当者も人間です。時には間違ってしまうこともあるでしょう。担当者のいうことをすべて丸のみにはせず、きちんと自分自身でチェックすることも大切です。

　担当者が間違ったからといって腹を立てたりせず、できる限り担当者とは丁寧な態度で接したほうが助成金をもらうためには得策でしょう。

　地方自治体の補助金等は、政策立案・公募要領作成・審査等を行う行政官が窓口で対応してくれることも多いので、事前相談の上、電子申請や郵送が必須とされているものを除き、窓口提出をお勧めします。

誰でも書ける！高得点が狙える「事業計画書」 第6章

　一方、国の補助金は外部委託された各補助金事務局が窓口になること
が大半です。公務員や専門家が対応する訳ではありません。コールセン
ターの対応に過度に期待せず、疑義が生じた場合には、公募要領等をしっ
かり読んだ上で、公募要領等の具体的箇所を示しながら問い合わせをし
て、回答聴取結果をしっかりメモしておきましょう。

注意点② 用語の定義に注意する

　補助金や助成金の要綱・要領は表現が難解だったり、あいまいだった
りすることが少なくありません。

　例えば、「キャリアアップ助成金」などの雇用助成金には「有期雇用
労働者等」という語が登場します。「有期雇用労働者」ならまだイメー
ジし易いですが、語尾に「等」が付いていて、実は「有期雇用労働者等」
には無期雇用のパートも含まれます。

　補助金・助成金の種類によっては、よく使われる語の定義の一覧があ
るので、単語の意味の詳細を調べたい場合は、その定義の欄を確認しま
しょう。

注意点③ 期間に余裕を持つ

　きちんと書類を揃えたとしても、申請期間を過ぎてしまうとどのよう
な事情があっても書類は受理されないでしょう。次回の募集まで待つし
かありません。

　また、申請期間ギリギリに提出しようとするのも危険です。窓口で書
類の不備や添付忘れなどを指摘されたとき、すぐに対応できるなら問題
ありません。しかし、修正や必要書類の準備に時間がかかるものだと間
に合いません。

現在主流の電子申請では、締切日にシステムが重くなることもあります。

「余裕を持って申請する」ことが、大切です。

注意点④　電子申請を活用する

「Gビズ ID」は、さまざまな行政サービスを受ける時に使われる事業者向けの認証システム。補助金の申請だけでなく、審査状況の確認なども可能です。

　近年、補助金・助成金では電子申請の活用が増えています。中には、電子申請しか受け付けないものもあります。そこで重要になってくるのが「Gビズ ID」の取得です。電子申請ではすべて、この ID が必要になってきます。

「Gビズ ID」には、活用できる行政サービスに制限があるものの、書類審査が不要な「Gビズ ID エントリー」と、書類審査が必要で活用できる行政サービスに制限がない「Gビズ ID プライム」の２つがあります。この「Gビズ ID」は今後も各省庁で活用が広がることが予測されるので、スムーズな補助金・助成金の申請には欠かせません。

　通常は２週間程度で ID を取得できますが、申請窓口が混雑していると、獲得に１カ月ほどかかるケースがあるようです。ID 取得を待っている間に補助金の申請期限が過ぎてしまうという事態に陥りかねないので、余裕を持って申請しておくことをお勧めします。

　ちなみに「Gビズ ID プライム」の取得後、従業員向けの ID である「Gビズ ID メンバー」の作成が可能になります。

「Gビズ ID メンバー」は「Gビズ ID プライム」と比べると活用できる行政サービスに制限はありますが、補助金や助成金の申請の他、社会保

険関連の手続きや店舗の営業許可申請なども可能です。

会社の補助金・助成金申請の担当者を設けたなら、その従業員も「Gビズ ID メンバー」の ID を取得しておくと便利です。

注意点⑤「審査項目」を熟読する

補助金では「審査項目」が予め公開されています。公募要領等に、どのように点数が付けられるかが書かれているので、それに沿った事業計画書を書くことが重要です。

高得点の取り方を行政や補助金事務局が示しているようなものです。求められている内容を漏らさず書けるように、「審査項目」の部分には隅々まで目を通し、自社内で自己採点してみましょう。一人で事業をしている方は、家族や親友に見てもらうのもお勧めです。

本章では、私が自社の補助金申請と他社への支援で使っている事業計画書テンプレートの一部を掲載して、事業計画書の書き方を説明しました。

読者様には、私が使っている事業計画書テンプレート全体のMS-Word ファイルを差し上げますので、配布方法を「結びに代えて」の後、173 ページにてご確認下さい。

結びに代えて

個人事業者や小規模法人が
補助金・助成金を積極活用する意義

　補助金・助成金をもらえるのは、株式会社や合同会社といった法人だけではありません。個人事業主も法人と同様にもらえます。その個人事業主には、フリーランスとして仕事をする人や、会社勤めの傍ら副業として自営する人も含まれます。

　2018年、厚生労働省は「副業・兼業の促進に関するガイドライン」を策定し、副業・兼業の推進を図ってきました。2022年に公表された「人材版伊藤レポート2.0」においても副業・兼業が人的資本経営の実践の手法の一つとして推奨されたことにより、2023年頃から従業員の副業・兼業を認める企業が増えてきました。

　副業・兼業を含めたフリーランスとして仕事する人が、雇用助成金を使って雇用や人材開発をしたり、補助金を使って集客したり、そういうことが可能な世の中になりました。

　そうした社会の変化を踏まえ、私が本書の執筆を思い立ったのは、次の三つの理由からです。

　第一は、フリーランスや副業・兼業の個人事業主を含む小規模企業経営者の間に、補助金や助成金の存在を知ってもらいたいことです。そして、補助金や助成金の存在を知ってはいても、「自分の事業にどう使えるのか分からない」「申請方法がわからない」という方のために、もら

個人事業者や小規模法人が補助金・助成金を積極活用する意義　結びに代えて

う方法を分かり易く提示したいためです。

　私が財務コンサルタントとして小規模事業者の皆様を支援する中で、補助金・助成金を活用できずにビジネスチャンスを逃しているケースが多く見られました。そこで、小規模事業者の読者さんに広く情報提供したいと考えたのです。

　私は現在、自身が十数年間の会社経営経験の中で数多くの補助金や助成金をもらい、会社の成長に役立てていた経験を活かし、補助金や助成金をもらうための支援事業も行っています。
　2022年から2024年までの3年間で約300社が、総額で30億円ほどの補助金や助成金を受け取ることを支援してきました。

　直接支援できる事業者数も、私の存在を知っている事業者数も限りがあります。そこで、本書の発刊を通して、より多くの経営者様に情報を伝えたいと考えております。

　第二に、行政の財政支出の効率化という問題意識もあります。補助金・助成金では事業者に渡るお金とは別に行政や事務局の運営コストがかかっており、対象となる多くの事業者予算に達するまで補助金・助成金をもらうことで、行政の政策目的が実現可能になります。

　また、申請数が少ない結果予算が余り、本来の趣旨に反する事業に補助金等が向けられるのも税金の無駄使いです。それら行政の問題を解決するためには、適正数の事業者が各種制度に申請する必要があり、制度情報が広く事業者に知れ渡るのは、行財政面からも重要だからです。

　第三に、書店に並んでいる補助金や助成金に関する書籍が、補助金・助成金の一つひとつを個別に解説しているものが大半だったということも、本書執筆の動機です。

167

全く初めての経営者にとって、自分に役立つ重要な内容が書籍中のどこに書いてあるのか、予め示されているほうが望ましいといえましょう。私自身、補助金・助成金申請未経験の当時に「こんな本があったらいいな」と思える本を作り上げたかったという思いがあったからです。

私自身も経営者として補助金や助成金をもらうために、関連書籍を何冊も読み漁りました。

そこで気づいたのは、ほぼすべての書籍が「縦割り」に終始しているということです。すなわち、各章節に1つの補助金や助成金が単独で紹介されているだけで、他の補助金や助成金と結びついていなかったのです。

書籍の目次に制度名が列挙されていても、多くの経営者には何に使えるか分からないので、各行政庁が作った制度別ではなく、経営者目線での目的別の書籍が有益と考えました。

2024年度は最低賃金が全国加重平均で51円アップの1,055円になりました。賃上げは、人を雇う側である事業者の負担増となります。

しかし、賃上げに伴い「業務改善助成金」や「キャリアアップ助成金」といった厚生労働省の助成金を申請できることに加え、「小規模事業者持続化補助金」等、中小企業庁の補助金の優遇措置を受けられます。

このように補助金や助成金はそれ単体で独立したものとして捉えるのではなく、横断的で、相互に結び付いている点に着目して、効率的に利用すべきものなのです。

そこで本書では、従業員雇用段階に分けて、また、「雇入れ」、「賃上げ・処遇改善」、「人材育成」、「広告宣伝」、「建物改装」といったテーマに注目し、「こういう事業者でこのテーマならどういう補助金や助成金がもらえるか」という視点で横断的に紹介しました。

個人事業者や小規模法人が補助金・助成金を積極活用する意義 **結びに代えて**

　もし私が補助金・助成金を活用した事業展開のきっかけになった「雇用助成金」の存在やその利用法を知らなければ、従業員を雇わず、ずっと1人で事業を続けていたかもしれません。

　従業員を雇い、雇用助成金をもらい、会社を成長させ、1社目は雇用開始後5年で、上場投資会社にバイアウトすることができました。補助金・助成金をもらうことで、会社も私の人生も大きく変わったのです。

　振り返れば、私が補助金・助成金を活用するようになったのは、自分の会社で雇用助成金を使って従業員を雇い入れたことがきっかけでした。
　大学院を修了した2007年、不動産賃貸業の会社を立ち上げ、4年ほどは事務や営業などすべての業務を1人でこなしていました。しかし、事業が波に乗り始めると1人で何から何までこなすのが難しくなったため、従業員を雇おうと考えました。

　当時は、リーマン・ショック後の不景気下にあり、雇用情勢も悪化していました。世間は、働きたくても仕事が見つからない人で溢れていた訳です。更に、地元神奈川県では「待機児童問題」が深刻化しており、子どもを長時間保育園に預けての就労もまた、難しい時代でした。

　一方、自分の会社には仕事があり人手が欲しいので、「自分の会社で1人でも雇用を生み出せば、自分が楽になるのみならず、微力ながら社会の役に立てるのでは」と思うようになりました。

　しかし、私のような小規模事業者にとって、一人雇うだけでも人件費は会社経営に重くのしかかります。私は「事務員を雇った上で、利益を減らさない方法はないか」と調べたところ、目にしたのが雇用助成金でした。
　政府は不景気の影響を受けた労働市場を改善させようと、雇い入れに対する支援制度を手厚く整備していたのです。助成金を利用して事務員

を雇えば人件費の負担が減るし、事務以外の業務に注力して会社を大きくできるし、また、社会の役にも立ちます。

　そう考えた私は、雇用助成金を得易い募集条件でハローワークに求人を出し、子育て中の方を事務員として雇い、雇用助成金を受給しました。
　もし、ここで雇用助成金をもらえなければ、おそらく従業員を雇うことはなかったでしょう。また、従業員を雇わず一人だけで仕事を続けていたら、会社売却により何億という売却代金を手にできなかったでしょう。

　補助金や助成金は、禁止行為や違反をしない限り、原則として返済する必要はありません。まさに、お金を「もらえる」のです。

　会社として利益が出れば税金を納めますが、私は、払った税金の一部が補助金や助成金として戻ってきている感覚を持っています。もらえる補助金や助成金はどんどんもらって、会社を成長させ、払うべき経費と税金は払う。そういう姿勢で臨んでいます。

　そして自社が従業員と取引先への支払いをした上で利益を出して納税し、さらに、他社の経営者さんにもその手法を教えて実践して頂く。そうやって経済社会に貢献していくのが、私の会社経営の理想像です。

　現在、賃金引上げ、人手不足や物価高で悩んでいる小規模事業者は少なくないでしょう。また、コロナ融資の返済に困っている事業者もいるのではないでしょうか。

　人手不足、人材の育成、従業員の子育てや介護、会社の後継ぎ不在等、深刻な問題を抱えている事業者もいるかもしれません。自社が斜陽産業・衰退産業に属し、成長産業へのシフトを余儀なくされている事業者、また、事業が上手くいっており成長のために大型設備投資の必要性に迫ら

れている事業者もいるでしょう。

　補助金や助成金は、そうした事業者の悩みや課題を解決に導いてくれる制度です。

　実際、私自身が経営者としての諸問題を補助金・助成金活用により解決してきましたし、近年では他社への支援活動を通して、さまざまな困難を補助金や助成金で克服した多くの事業者を目にしてきました。

　本書で紹介した以外にも、まだ沢山の補助金や助成金が存在しますし、新たな補助金等の公募が全国で毎日のようになされています。

　それらを合わせれば、きっと皆様が抱える悩みを解決してくれるでしょう。この本を通して補助金や助成金をもっと多くの人が知り、課題解決に役立てるケースが少しでも多く出てくるよう願っています。

　ところで、私も共著者の宗像さんも、自らの本業に加えて経営者として他の経営者の方々を支援する事業も営んでおり、そこにおいては、社会保険労務士・中小企業診断士・税理士・公認会計士・弁護士等の士業の先生方の協力が欠かせません。

　民間事業者の所得と行政の税収とが増えるサステナブルな経済社会作りに繋がる大規模な経営支援を行うためには、士業の先生方との協力体制をより強化していく必要があると考えております。ご賛同下さる先生方は是非ご一報をお願いします。

　最後になりますが、2024年は能登半島地震で幕を明け、2025年は年始からインフルエンザが大流行し、地震が頻発し、また、円安ドル高が進行して物価高に拍車がかかりました。

　地震やインフルエンザ流行、また、インフレの悪影響から脱却できていない事業者の方々には、お見舞い申し上げるとともに、本書を参考に

補助金等を利用して、困難を乗り越え事業を復活させて頂きたいと切望致します。

　そして、幸いにも深刻な影響を受けなかった経営者の皆様には、本書を参考に補助金等を利用し、自社の成長・発展を通して、地域経済の活性化に貢献するとともに、納税額を増やすことによってここ数年の感染症・インフレ対策と災害復興に窮する国家・地方財政を助け、また、持続可能な経済社会への変革に必要な構造改革や賃上げに資し、それらによる好循環により、経営者の皆様に更に豊かになって頂きたいと、強く願います。

2025 年 2 月吉日

石渡 浩

個人事業者や小規模法人が補助金・助成金を積極活用する意義　結びに代えて

読者様無料特典プレゼント

最新の補助金情報を無料プレゼント

　本書執筆（2025 年 2 月）以降の最新情報を読者様専用ニュースレターにてお届けします。是非 E メールアドレスをご登録下さい。

　ご登録特典として、全国市区町村の約 5000 種の補助金情報を収録した「特設検索サイト」の利用権を無料プレゼントします。本書ではあまり扱わなかった地方自治体の補助金の最新情報を、ほぼリアルタイムに検索できます。市区町村ごとかつカテゴリーごとに調べられてとても便利なサイトを無料でご利用頂けます。是非ご利用下さい。
https://qrtn.jp/d4xkbwr

無料ひな形プレゼント

　特別プレゼントとして『小規模事業者持続化補助金の計画書テンプレート』MS-Word ファイルを無料でお届けします。このテンプレートを使えば、"簡単・迅速・効率的"に補助金申請ができます！　補助金の申請プロセスがぐんと楽になります。LINE に登録して、「テンプレート」とメッセージをお送り下さい。数量限定のため、早めにご登録下さいね。
URL:https://lin.ee/AvwmDdv

石渡 浩 (いしわた　ひろし)

石渡住宅サービス合同会社　代表社員
石渡ファイナンシャルプランニング事務所　代表
教育テック大学院大学 SDGs 不動産・都市研究所
副所長・客員教授
神奈川県出身。慶應義塾大学大学院経済学研究科在
学中に個人で通信教育事業と不動産賃貸業を開業し、
2007 年、同大学院修了と同時に不動産賃貸業の法
人を設立。
銀行からの借入金で中古不動産を購入し、主として
一般個人向けに貸家業を営む。入居時初期費用を引
き下げる方法で多様な家族を受け入れ、神奈川県
の賃貸住宅需要に幅広く対応して業績を伸ばした。
2016 年に同法人を売却後も現在まで貸家業を経営
し、中古不動産を再生して、住宅確保要配慮者を含
む神奈川県民に賃貸住宅を提供中。
2009 年に同業者向けの教育事業を開始し、資金調
達セミナーを実施するとともに収録映像 DVD を販
売する。2020 年からは広く中小企業・小規模事業
者への財務コンサルティング業務を行い、300 社以
上と定期契約を結び、経営支援を行う。
現在、教えることを生き甲斐として、二十歳の学生
に非常勤講師として起業論を教える一方、高年齢者
を含む経営者に銀行借入や補助金・助成金による資
金調達を活用した財務戦略を教え、また、大学院に
て社会人向け講座の主任教員を務める。
連絡先：0466-65-1092, ishiwata@plala.to
補助金・助成金ニュースレターご登録ページ：
https://qrtn.jp/d4xkbwr

株式会社和と輪 代表取締役
教育テック大学院大学 SDGs 不動産・都市研究所
上級研究員
株式会社ヴァリエンテ バルコ 社外取締役
宮崎県都城市出身。中学生の頃に家が全焼し、地域
の人々に助けられる経験から、「衣住を通じて社会
に貢献する」という強い理念を持ち、事業を営む中
でその理念を具現化している。
高校卒業後上京し、正社員として働きながら勉学に
励み日本大学卒業。2015 年資金や人脈が限られて
いる状況から株式会社和と輪を設立。物販業、宿泊
事業、住宅確保要配慮者向け不動産賃貸業、教育事
業など、幅広い事業を展開。
社会への貢献を通じて成長し、地域との絆を深める
使命を持ち、苦境を乗り越えながらも、信念を持ち
続け、同じ目標を持つ中小企業経営者へ資金調達、
人材開発、宿泊事業立上げ、DX 支援にも熱心に取
り組んでおり、年間 200 社を超える支援をしている。
2023 年 8 月から 2 年連続で、長野県北佐久郡にて「ふ
るさと納税パートナー企業等町長表彰」受賞。

宗像 瞳 (むなかた ひとみ)

小さな会社ほど得する
事業者・フリーランスのための

すごい補助金&助成金のもらい方

発行日　2025年3月24日　初版第1刷発行
　　　　2025年6月1日　初版第2刷発行

著　者　　　石渡　浩
　　　　　　宗像　瞳
デザイン　　井関ななえ
編集協力　　布施ゆき

発行者　　　石渡　浩

発行所　　**陽だまり出版**
　　　　　　〒251-0028
　　　　　　神奈川県藤沢市本鵠沼1-7-15-2
　　　　　　TEL　0466-65-1093

発　売　　**フォレスト出版株式会社**
　　　　　　〒162-0804
　　　　　　東京都新宿区揚場町2-18　白宝ビル7F
　　　　　　TEL　03-5229-5750
　　　　　　https://www.forestpub.co.jp/

印刷・製本所　中央精版印刷株式会社

©ISHIWATA Hiroshi, MUNAKATA Hitomi, 2025, Printed in Japan
ISBN 978-4-86680-855-0

○本書の内容に関するお問い合わせは発行元の陽だまり出版にお願いします。
○定価はカバーに表示してあります。
○本書の内容の一部あるいは全部を無断で複写転載することは法律で禁じられています。
○乱丁・落丁はお取替えいたします。